MA VIE AVEC LES CHEVAUX DU BOUT DU MONDE

La véritable histoire des chevaux du désert namibien

JACQUELINE RIPART

MA VIE AVEC LES CHEVAUX DU BOUT DU MONDE

La véritable histoire des chevaux du désert namibien

FAVRE
récit

Dans la même collection, entre autres :

Harem, Denise Zintgraff et Emilia Cevro Vukovic
Le bonheur pour une orange... n'est pas d'être un abricot, Catherine Preljocaj
Une femme en cavale, Josette Bauer
La menteuse, Carolina Tana

Editions Favre
Siège social
29, rue de Bourg – CH-1002 Lausanne
Tél. : 021/312 17 17 – Fax : 021/320 50 59

Bureau de Paris
12, rue Duguay-Trouin – F-75006 Paris
Tél. et fax : 01 42 22 01 90

Dépôt légal en Suisse en mars 2001

ISBN : 2-8289-0668-X

1

C'est d'abord une rumeur imperceptible, on dirait la nuit qui se froisse aux premières lueurs de l'aube ; un grondement sourd, lointain, qui peu à peu s'amplifie, s'insinue dans mon sommeil pour venir m'y secouer. Mes sens sont encore engourdis. Blottie dans le duvet, je reste un moment suspendue entre le rêve et l'éveil. J'entrouvre les yeux et, partout, je ne vois que du bleu – non pas le bleu du ciel, mais celui de la toile intérieure de tente, comme une barque renversée sur le sable.

Je m'étire. Une oreille collée au tapis de sol, je perçois maintenant le rythme régulier de leurs sabots, la pulsation d'un cœur immense, le cœur du désert qui bat, le trot d'une troupe de chevaux qui se rapproche. D'un bond, je me lève, j'enfile un pantalon et ma fourrure polaire, je me précipite dans l'entrée de l'abri.

Le jour point à peine derrière la barrière montagneuse bornant l'horizon. Mon regard scrute l'obscurité qui rosit par endroits. Rien ne bouge, ou peut-être si, là-bas... J'ai du mal à les distinguer, mais, j'en suis certaine, ils arrivent. Je les entends de plus en plus nettement. Ils sont à portée de voix, et les ombres de la nuit s'écartent devant eux. Les voici : une famille de chevaux trotte à vive allure, en file indienne, à travers l'immense plaine de sable. Je n'ose plus bouger. Seuls mes yeux accompagnent les chevaux dans leur course, mais tout mon corps vibre au spectacle de leur liberté.

Soudain, alors qu'ils ne sont plus qu'à cinq cents mètres, ils s'arrêtent, d'un commun accord. Le silence retombe. Pendant un instant, on croirait que la nuit va s'approfondir. Toutes les têtes sont pointées dans ma direction. Elles m'observent, comme je les observe : une intruse a pris leur place dans le désert.

Le chef de file paraît inquiet. Il avance de quelques pas, s'arrête de nouveau, avant de reculer, indécis. Puis il choisit d'allonger sa route en contournant mon refuge par l'ouest, pour atteindre l'unique source de survie : le point d'eau. Sa famille s'élance aussitôt à sa suite en trottant à grandes foulées.

J'attrape mes jumelles, accrochées au poteau de bois qui soutient la toile de l'abri. Les rayons du soleil balaient à présent la plaine. Perchée au sommet de la plus haute dune, debout à la porte de ma maison provisoire, je vais pouvoir épier, pour la première fois de ma vie, le comportement des chevaux sauvages.

Dans le rond des jumelles, leur silhouette est hirsute, sculptée par le vent des galops et l'ardeur du soleil : ils ont des muscles puissants, luisants, bien tendus dans l'effort, de longs crins emmêlés... Lorsqu'ils s'arrêtent une deuxième fois, sur un promontoire caillouteux, le plus robuste se place un peu à l'écart et s'immobilise, les naseaux grands ouverts, les yeux alertes, les oreilles pointées vers l'avant. Ce doit être le mâle, chef et protecteur de la famille. Ses cinq juments et poulains se tiennent en retrait, attendant son signal.

Ils repartent, aussi brusquement qu'ils s'étaient arrêtés, avec la même fougue. Les voici lancés dans un galop désordonné. La rumeur de l'aube s'est transformée en cavalcade de fantasia. Sous leurs pieds, le sable jaillit en gerbes dorées. Enfin, à quelques mètres du point d'eau, ils freinent d'un seul mouvement. Ils ont atteint leur but.

Ils se penchent. Leurs crinières effleurent la surface de l'eau, et leurs lèvres la troublent. Le chef relève un instant la tête pour scruter les alentours. A voir leurs côtes saillantes, leurs muscles forts, l'avidité avec laquelle ils s'abreuvent, je comprends qu'ils ont dû parcourir un long chemin pour arriver ici.

Après qu'ils ont étanché leur soif, les chevaux se reposent. Sous le poil d'hiver qui se détache en touffes, les juments semblent efflanquées. Deux poulains – ils ne doivent pas avoir plus d'un ou deux mois – se sont précipités sous leurs mamelles. Le chef vague de-ci de-là, reniflant les crottins desséchés qu'ont laissés ses prédécesseurs, et ne tarde pas à marquer son propre passage par le même procédé. Puis il fait quelques pas hésitants, ploie les genoux et se laisse glisser sur le sable, de tout son poids. Il se roule, se gratte le dos, frotte sa tête de côté, avec une satisfaction évidente.

C'est alors que, sans crier gare, la jument osseuse – sans doute la plus âgée de la troupe – reprend la marche vers l'ouest. Tour à tour, chacun des siens se remet en chemin. Seul un poulain rechigne, traîne un peu les sabots, patauge dans le sable humide. Mais ce manège n'échappe pas à la surveillance de sa mère. Elle s'arrête quelques centaines de mètres plus loin, se retourne et pousse un hennissement de rappel à l'ordre. D'un pas précipité et encore maladroit, le retardataire rejoint sa famille. Ils disparaissent tous derrière l'horizon, du côté des dunes.

Une petite brise glaciale s'est levée avec le jour, le thermomètre n'affiche pas plus de 6 °C, je suis transie. Mais le spectacle des chevaux m'a fascinée au point que je n'ai pas encore pris conscience du froid. A présent, je frissonne et me réfugie sous l'abri. La toile de ses parois laisse filtrer toute la vie lumineuse de l'extérieur. Je l'ai choisie couleur sable pour qu'elle soit plus discrète. Mais, dans la nudité du désert, elle doit évoquer une verrue qui aurait poussé là dans la nuit. Il va falloir du temps pour qu'elle s'intègre au paysage !

Combien de fois ai-je entendu ma mère me répéter : « Mais quand t'installeras-tu, ma fille ? Quand auras-tu une vraie maison, un vrai foyer ? Tu ne peux pas courir après les chevaux toute ta vie, sans avoir jamais rien à toi... » Depuis hier, ce refuge que nous avons bâti est ma maison, mon foyer, mon petit nid douillet au cœur de ce désert réputé si inhospitalier.

Dans leur uniforme kaki, les *rangers* du ministère namibien pour la Protection de la nature ont sué tout un après-midi pour m'aider à bâtir cette chaumière. Ils ont enfoncé dans le sable, à plus de soixante centimètres, de longs piquets de bois pour arrimer l'abri au sol. Ils ont dressé les poteaux, semblables aux mâts d'un navire, sur lesquels ils ont tendu la toile. Ils ont enfin entreposé à l'ombre mes deux caisses de matériel. Avant de partir, ils m'ont jeté un coup d'œil sceptique. J'ai compris qu'ils voulaient dire : « Vous paraissez bien frêle et bien fragile. Vous ne tiendrez pas le coup longtemps, toute seule, comme ça, dans ce désert extrême. » Mais mon sourire et mon air obstiné les ont désarmés. Ils sont montés dans leur voiture et ont pris le chemin du retour.

Dans l'immensité de la plaine chauffée à blanc, je les ai regardés s'éloigner. Le soleil miroitait sur la tôle du véhicule et jetait au ciel de vifs éclairs. J'ai pu les suivre ainsi, un long moment, en me guidant à cette traînée d'étincelles. Puis ils ont disparu, comme absorbés par les sables. Alors, face à la plénitude du silence, j'ai souri – un sourire que je sens encore briller en moi, ce matin, et qui ne me quittera pas de la journée.

Hier, j'ai pris la précaution de protéger mon foyer du vent en dressant tout autour un muret de cailloux. Malgré cela, il n'est pas resté la moindre cendre du petit feu qui, dans la nuit, rougeoyait devant l'abri. Je récupère le charbon de bois coincé entre les pierres, casse quelques branches amassées dans ma réserve et allume un nouveau feu pour préparer mon café.

En deux enjambées, je traverse ma demeure et

atteins la malle bleue emplie de victuailles achetées à Windhoek. Le café est rangé entre la farine de maïs et le grand carton de lait en poudre. Je n'ai pas encore entamé le paquet, pas plus que les nombreux sachets d'épices, très précieux pour quelqu'un qui, à force de voyager en Afrique, a pris goût à une cuisine relevée. Non moins précieuse, la bouteille de whisky pur malt que m'a offerte un ami avant mon départ de Windhoek est un étrange souvenir des lacs et des landes d'Écosse au milieu du désert namibien...

Devant ma « chambre » (la tente-igloo plantée sous l'abri), une lourde malle-placard renferme toutes mes affaires et mon matériel photo. Quant à mon « bureau » (une valise en carton bouillie, également achetée à Windhoek), je l'ai installé dans l'« entrée » et j'y ai disposé mon « secrétariat » (carnets, stylos, crayons de couleur, fiches d'identification grâce auxquelles je vais pouvoir noter les signes particuliers de chaque cheval) et mon « infirmerie » : un stéthoscope, pour étudier les rythmes cardiaque et respiratoire de mes compagnons du désert. Saurai-je gagner la confiance de ces chevaux sauvages ? Il me faudra du temps. Peut-être pourrai-je même les approcher, les toucher, leur parler. Ils ont beau être libres, oubliés des hommes depuis près d'un siècle, cette magnifique énergie pacifique qui est le propre du cheval devrait faciliter notre rencontre.

Le soleil est déjà haut dans le ciel, et la température est montée avec lui, si vite que je ne comprends plus à quoi sert cette fourrure polaire que j'ai endossée à mon réveil. Au sommet de sa dune, ma nouvelle maison domine toute la plaine, jusqu'aux montagnes, et l'unique point d'eau, distant de quatre cents mètres.

Pendant plusieurs mois, je vais partager cette source de vie avec les chevaux. L'abreuvoir posé sur un tapis de pierres sera ma salle de bains. La plus belle salle de bains du monde. Son eau a la pureté de la nappe souterraine qui s'écoule à cent soixante-dix mètres de profondeur sous les dunes. Je n'aurai pas besoin de fermer le rideau de la douche, et je pourrai chanter à tue-tête, sans peur d'alerter les voisins !

2

Lorsque j'ai entendu parler pour la première fois des chevaux sauvages du Namib, j'ai fait comme tout le monde : j'ai ouvert un atlas. La Namibie (l'ancien Sud-Ouest africain) est cette immense terre australe située sur la façade atlantique, entre l'Angola et l'Afrique du Sud, de part et d'autre du tropique du Capricorne. Grand comme l'Italie et la France réunies, le pays ne compte qu'un million et demi d'habitants. Car la vie n'est pas facile dans ce territoire des extrêmes : sur la côte, baignée par le courant glacial du Benguela, la température dépasse rarement les 14 °C, et on dénombre plus d'otaries qu'au pôle Nord ; dans le désert qui la longe, les dunes atteignent parfois une hauteur de trois cents mètres. Tout semble se consumer sous le soleil incandescent qui, dès l'aube, pèse sur le sable et les cailloux. Il y règne une température de 70 °C au sol en plein été, et le mercure descend à 5 °C en dessous de zéro les nuits d'hiver. Comment imaginer que des chevaux aient pu survivre dans un environnement aussi hostile ?

J'avais appris leur existence un jour de juillet 1989. Le magazine que je feuilletais dans le train qui me ramenait vers le Midi en parlait comme d'une rumeur, comme d'une hypothèse, mais il y avait dans cette fable je ne sais quoi de concret et d'émouvant qui avait retenu mon attention. Depuis, je n'avais cessé de penser à eux.

« Un troupeau de chevaux sauvages aurait été repéré en plein cœur du désert, sous le tropique du Capricorne, en Namibie. Abandonnés par les cavaliers militaires allemands lors de la guerre contre l'Afrique du Sud, ils survivraient depuis lors sans déranger ni intéresser personne. Leur survie serait d'autant plus secrète que le territoire sur lequel ils ont été vus est strictement interdit d'accès depuis la découverte des diamants sous le sable en 1907... »

Il est des moments, dans la vie, où l'enfance triomphe. Les contes qui avaient bercé la mienne avaient laissé en moi une nostalgie pour ces rêves impossibles, dont on sait bien qu'ils ne se réalisent pas, mais qu'on se répète, sans jamais se lasser, pour leur donner cette part de vérité qui leur manque. Des chevaux sauvages, le désert, des diamants... Quelle imagination aurait renoncé à broder autour de cela une légende merveilleuse, avec ses enluminures et ses personnages fabuleux ?

La mienne, cependant, hésitait à trop s'engager sur ce terrain. Depuis toujours, face aux Blanche-Neige et aux Cendrillon, j'avais adopté une attitude de défiance : « Dis-moi si c'est pour de vrai », telle était la phrase par laquelle je brisais tous les effets du conteur, au moment où la citrouille se transforme en carrosse. La planète et ses habitants, j'exigeais qu'on me les raconte tels que je pourrais les voir un jour, non comme les peignait le monde des adultes pour protéger l'univers des enfants. Je n'aimais pas le pays des merveilles, le nez à géométrie variable de Pinocchio, les princesses à petits pois.

C'était donc bien l'enfant qui avait été émue en lisant cette information – cette enfant sceptique et néanmoins prête à aimer les contes, pourvu qu'ils soient vrais. Et c'est en application de ma devise d'autrefois – « Dis-moi si c'est pour de vrai » – que j'entrepris de me documenter sur cette histoire.

En Europe, des chercheurs spécialisés sur les équidés me laissèrent fureter dans leurs bibliothèques. D'autres me considérèrent comme une grande fille rêveuse : « Vous pensez bien que si des chevaux existaient dans le désert, à l'état totalement sauvage, ils auraient déjà été étudiés, et seraient répertoriés, comme les mustangs aux États-Unis ou les brumbies en Australie. » Au bout du compte, la moisson d'informations se révéla vaine. Mais je ne baissais pas les bras et, deux ans plus tard, à mon retour de Madagascar, je décidais de partir pour la Namibie.

Après des décennies de colonisation, le pays venait enfin d'obtenir son indépendance. L'ancienne possession allemande d'Afrique australe, placée sous mandat sud-africain après la paix de 1919, luttait depuis plus de quarante ans pour que son protecteur lui accorde une liberté dont on disait qu'elle était un mirage, qui s'évanouit quand on le touche. Il fallut en effet plusieurs résolutions du Conseil de sécurité de l'ONU, la pression des États occidentaux, la colère des États africains, une conférence à Genève, un embargo et une guerre pour que Pretoria se plie aux règles du droit international. Le 1er avril 1989, les hostilités cessaient. Le 21 mars 1990, la Namibie, dernier État africain du continent placé sous tutelle coloniale, accédait à l'indépendance.

Quand je quittai ma petite cabane du Luberon, construite au milieu des chênes verts sous lesquels douze chevaux de randonnée s'abritent pendant leurs vacances, le feu dans la cheminée était sur le point de s'éteindre. Intrigué par mon projet, Vincent, un ami d'enfance, était venu me chercher en voiture. Entre deux concerts en France (il était sonorisateur), il avait décidé de m'accompagner en Namibie. Nous avons vérifié que nous n'oubliions rien : bagages, passeports, billets... et en route pour l'aéroport Charles-de-Gaulle.

Aurais-je dû m'émouvoir d'abandonner cet univers paisible et familier, pour un saut dans l'inconnu ? Je savais que nous appartenons au monde entier, et que seul notre regard nous le rend étranger.

Pourtant, dans l'avion, tandis que les autres passagers dépliaient leurs journaux ou entamaient la conversation avec leurs voisins, je regardais les balises de la piste défiler à grande vitesse : les moteurs donnaient alors le maximum de leur puissance et... une larme coulait sur ma joue. Elle accompagnait une émotion que je connaissais bien. Depuis toujours, il suffit qu'un train s'ébranle sous mes yeux ou qu'une fusée s'arrache du sol sur un écran de cinéma pour que j'aie les larmes aux yeux. Le départ est cet instant décisif dans notre vie où tout devient possible. « Dis-moi si c'est pour de vrai... » C'était vrai ! Je collai mon visage au hublot quelques instants encore, car je n'avais pas envie d'expliquer à quiconque les raisons d'un sentiment aussi fort, aussi évident. Même Vincent, qui était assis à côté de moi, ne s'en était pas aperçu.

« C'est vrai, il existe des chevaux, vivant à l'état sauvage, dans le désert du Namib, près du point d'eau de Garub. »

Je venais juste d'arriver à Windhoek, capitale de la Namibie, et j'apprenais déjà que, pour une fois, la fable était bien réelle. Dans son bureau climatisé du ministère pour la Protection de la nature, le fonctionnaire en uniforme était formel : « Tout ce que nous savons, c'est que près de deux cents chevaux s'abreuvaient là-bas, chaque jour, en 1990. C'est notre *ranger*, chargé de surveiller ce territoire diamantifère déclaré réserve naturelle protégée, qui les a recensés l'an dernier. »

Pour autant, je ne devais pas me réjouir trop vite, car mon interlocuteur ne me cacha pas que la région était inhospitalière, vouée aux caprices des intempéries, et que personne n'y avait jamais vécu plus de vingt-quatre heures. Lorsque je lui découvris que je me proposais d'aller y dénombrer les chevaux et observer leur vie quotidienne, il n'exprima qu'un enthousiasme assez tiède. « Le désert du Namib est interdit d'accès, expliqua-t-il. Il vous faut remplir les formulaires de demande d'autorisation spéciale, que je transmettrai au chef de cabinet. »

La paperasserie des administrations peut parfois vous poursuivre jusqu'au cœur du désert ! Mais les difficultés qui s'annonçaient n'étaient pas de taille à m'effaroucher. En flânant avec Vincent dans les jardins ombragés qui longent Independence Avenue, artère principale de la capitale, je sentais monter en moi une énergie irrépressible : l'obstination. Tous les obstacles qu'on pourrait semer sur ma route ne me décourageraient pas. Je voulais vivre quelques mois au milieu des chevaux sauvages du désert, et rien au monde ne pourrait m'en empêcher. Je n'en faisais pas une question de principe ni de fierté. Je n'y voyais aucun défi à relever. Non. C'était simplement dans l'ordre des choses.

J'ai attendu les autorisations pendant plus d'un mois. Mais ce ne fut pas du temps perdu, car je mis cette période à profit pour préparer mon équipée. Vincent, pour qui « les trucs et les ficelles » n'ont pas de secret, m'aidait à réunir le matériel nécessaire à mon installation dans le désert. Nous passions des heures dans toutes les boutiques de la ville, supermarchés, bazars, quincailleries, à rechercher les objets les plus solides, les moins encombrants, les moins chers... Les commerçants commençaient à nous connaître. En même temps, les amis namibiens qui nous hébergeaient nous parlaient du pays et de son histoire. Je voulais tout savoir sur le Namib, fréquentant les librairies avec assiduité, explorant, au cours d'après-midi studieux, les archives et la bibliothèque du ministère.

Les démarches administratives ne m'occupaient pas moins. De rendez-vous en rendez-vous, je remplissais des formulaires, constituais des dossiers, signais des déclarations. Exhiber mon curriculum vitae était devenu un réflexe. J'étais prête à remuer ciel et terre pour obtenir cette autorisation. S'il me fallait aller jusqu'au ministre, j'irais. Et j'y allais.

Je n'eus pas besoin de lui présenter mon curriculum vitae. « Je suis heureux que vous vous intéressiez aux chevaux du Namib, me dit-il. Les études que vous pourriez mener là-bas seraient sans doute fort utiles à nos techniciens et compléteraient leurs propres observations. Je vais plaider votre cause. »

Quelques jours plus tard, l'autorisation tant espérée m'était enfin accordée. On était en septembre. L'hiver touchait à sa fin sous le tropique du Capricorne.

Lorsque le train Windhoek-Keetmanshoop s'ébranla, je me retrouvai seule dans le compartiment-couchette, avec mes deux lourdes malles sous les pieds, le nez collé à la vitre, pour un voyage qui allait durer plus de vingt heures.

Le quai était noir de monde. Les amis qui m'avaient accompagnée à la gare se fondaient dans la foule en m'adressant un dernier geste d'adieu, sans parvenir à dissimuler leur inquiétude. Je me serais envolée pour la planète Mars qu'ils n'auraient pas été plus tourmentés. De mon côté, la séparation n'était pas douloureuse : je n'abandonnais rien ni personne puisque je poursuivais simplement mon voyage au fil des chevaux.

Les seconde classe étaient bondés. En Namibie, l'apartheid a longtemps été la loi commune. Ce régime, fondé sur la discrimination raciale, a déterminé une inégale répartition des richesses. Ainsi, les fermiers blancs ne représentent que six pour cent de la population mais possèdent soixante-cinq pour cent des terres. Pour la majorité des habitants noirs, le train reste le seul moyen de transport en commun. Pendant toutes les années de la domination sud-africaine, ils ont été parqués dans les *homelands*, ces ghettos disséminés aux quatre coins du pays. Aujourd'hui, malgré le prix du billet de train, qui représente cinq jours de salaire pour un ouvrier, ils vont tenter leur chance dans les villes. La ligne de chemin de fer qui traverse la Namibie du nord au sud fait partie de l'héritage laissé par les Sud-Africains : durant les soixante-dix ans de colonisation, elle a acheminé jusqu'à Johannesburg les richesses namibiennes – zinc, cuivre, plomb ou manganèse. C'est ce train que j'avais pris, le train des émigrants et du minerai : je devais en descendre à Keetmanshoop, capitale du sud de la Namibie, après un voyage de cinq cents kilomètres.

L'après-midi tirait à sa fin ; je contemplais une dernière fois le défilé des bâtiments modernes, peints de couleurs pastel, qui côtoient les maisons coloniales du début du siècle, les terrasses fleuries, les jardins aux grasses pelouses, puis les baraquements de tôle des quartiers populaires. Sur la voie unique, nous roulions tout au plus à quarante kilomètres à l'heure. Pourtant, très vite, les arbres se raréfièrent, les reliefs s'aplanirent, les couleurs s'estompèrent. Enfin, le paysage se dilua dans l'obscurité. Je sombrai dans un sommeil sans rêve.

« Ne manquez pas de rencontrer notre représentant de la région Sud », m'avait recommandé le fonctionnaire du ministère, lors de notre dernière entrevue. Ce n'était qu'un conseil, mais je compris qu'il avait la valeur d'un ordre. « Nous l'avons prévenu de votre arrivée. Il saura vous donner des informations très utiles sur les précautions qu'il convient de prendre lorsqu'on souhaite vivre dans un endroit aussi hostile que Garub. »

Le jour venait de se lever et le bar de l'hôtel était encore désert. Assise devant un café préparé à la mode allemande – très léger ! –, j'attendais l'heure du rendez-vous, lorsqu'un personnage ventripotent, engoncé dans un uniforme kaki, entra et fondit sur moi en tendant la main.

« Je suis ravi de rencontrer quelqu'un qui s'intéresse à nos chevaux sauvages ! »

Quand il fut arrivé en face de moi, il s'interrompit brusquement et me dévisagea de la tête aux pieds.

« Eh bien ! balbutia-t-il lorsqu'il eut terminé son examen. Je suppose que vous savez ce que vous faites, et j'espère que vous êtes solide ! »

En dépit (ou à cause) de ma frêle et blonde silhouette, il consentit à me donner un certain nombre de conseils, qui n'avaient rien d'encourageant : « N'oubliez jamais que la zone est le royaume des animaux sauvages. Il est arrivé plusieurs fois que des bonshommes soient dévorés par les hyènes ! Bien sûr, ils dormaient à la belle étoile, et sans doute ronflaient-ils : leur bouche ouverte, offerte comme un fruit rouge et tendre, aura mis les charognards en appétit. Mais on signale aussi un léopard qui sillonne la région. Son territoire est vaste, avec un diamètre d'environ quatre cents kilomètres, et il ne peut pas être partout à la fois. Mais soyez quand même très prudente, ne laissez pas traîner de nourriture et dormez bien à l'abri. Allez, bonne chance ! Rapportez-nous vite votre étude sur ces chevaux sauvages. Je suis impatient de la lire. »

Wilfred, un gars de Caprivi, une région de l'extrême nord namibien, m'attendait. Il était à présent « gardien du désert » – un titre poétique pour un métier insolite –, et avait été chargé de m'accompagner dans sa Land-Cruiser au cœur du Namib, où il me déposerait avec mes bagages.

Après deux cents kilomètres parcourus dans la poussière, sur l'interminable piste rectiligne qui s'enfonçait peu à peu dans le désert, nous n'avions croisé qu'un seul véhicule. Le pays paraissait vide. L'heure de vérité approchait.

3

Malgré les haubans bien tendus, la toile de ma nouvelle maison claque au vent du désert. Elle se gonfle et se dégonfle alternativement. On dirait qu'elle va lever l'ancre et voguer sur l'océan de sable. D'un œil, je surveille le feu qui, sous la bouilloire, lutte contre les rafales tentant de l'étouffer. L'eau que j'ai puisée à l'abreuvoir doit bouillir au moins un quart d'heure avant de pouvoir être consommée. Il est déjà 11 heures. J'ai gardé mes jumelles à portée de main. Pour rien au monde je ne voudrais manquer un seul acteur du défilé qui a commencé ce matin, entrecoupé de longs entractes.

Trois silhouettes se découpent sur le ciel chauffé à blanc, immobiles, comme paralysées par la présence d'une étrangère sur leur territoire. Accroupie devant le foyer, je n'ose plus me relever, par crainte de les effaroucher. Mais leur soif est plus forte que la peur : elles se résignent à descendre de la butte, lentement, sans quitter mon campement des yeux. J'ai l'impression que ce sont elles qui sont venues étudier mon comportement, et qu'elles enverront leur rapport à Windhoek.

Sur ma gauche, dans le vallon qui sillonne entre les dunes, un solitaire arrive en galopant, suivant une piste creusée par de fréquents passages. Un peu plus loin, sur la droite, je distingue une famille à l'horizon. Puis d'autres chevaux apparaissent derrière moi. Se sont-ils donné le mot ? Il en vient de toutes les directions. Ils sont une trentaine, maintenant, qui attendent leur tour, agglutinés près du point d'eau.

Un cri d'appel se mêle aux hennissements fusant de toutes parts. Le poulain alezan, chaussé de quatre balzanes blanches, tourne et vire, l'air désespéré. Il quête une protection. Il n'a que quelques mois et ne sait pas encore reconnaître le son de sa mère. Mais elle veille, et vient se coller contre lui. Les quatre pieds solidement plantés dans le sable, les muscles bandés, elle lui présente ses mamelles.

Soudain, toutes les têtes se relèvent et se dirigent vers le sud : une « famille nombreuse » – une dizaine de membres – est apparue au fond du vallon sableux. Autour de l'abreuvoir, c'est la bousculade. L'air vibre, électrique. Les mâles dominants rassemblent leurs juments. Un jeune curieux s'est approché un peu trop près. L'air hautain, l'encolure rouée, le chef de la famille de bais regroupée près d'un buisson d'euphorbe – une plante dont les tiges renferment une sève laiteuse et collante, vénéneuse pour les chevaux – se rue sur cet indiscret voisin. Les deux mâles s'affrontent de face et projettent violemment leurs antérieurs vers l'avant. Ils se flairent, se retournent, et tapent avec les postérieurs. Le plus jeune – il n'a pas trois ans – fait deux pas de côté, la tête basse, en signe de soumission. L'incident est clos.

Qu'y a-t-il de commun entre ces animaux sauvages, libres, indomptés, et les chevaux de selle qui ont enchanté mon enfance ? Au-delà de l'amour et de l'admiration qu'on peut leur porter, j'ai cru déceler chez les uns comme chez les autres cette étincelle magique qui naît au plus profond des âges et qui peut illuminer l'existence de ceux qui les approchent, cette énergie primordiale et superbe qu'on appelle la vie – la vie pure, la vie instinctive, la vie en perpétuelle métamorphose, en harmonie constante avec l'environnement, la vie humaine, serais-je tentée de dire, la vie évolutive et perfectible.

Sans doute, c'était déjà cette impression qui m'avait frappée lorsque j'ai rencontré les chevaux pour la première fois. J'avais onze ans à peine. Les grandes vacances venaient de commencer, et mon père, qui devait passer l'été au travail, avait conduit toute la famille dans un chalet des Hautes-Alpes, près de Barcelonnette. Avant de repartir pour Aix-en-Provence, il avait confié notre argent de poche à ma mère. « Si vous vous appliquez à vos devoirs, vous aurez une surprise. » Durant toute une journée, les quatre enfants avaient été l'image même de la sagesse.

Par voie de conséquence, le lendemain s'annonçait comme un jour de fête. Dès la sortie du village, serrés sur la banquette de la 4 CV familiale, nous guettions le moindre signe qui pourrait trahir le secret et anticiper sur notre plaisir. Mais malgré la raideur de la pente, que la voiture peinait à escalader, l'attente fut de courte durée. Nous n'avions pas parcouru deux kilomètres que ma mère se garait près d'un hangar en bois. Nous descendîmes de voiture, contournâmes le bâtiment.

Une femme, grande et blonde, était là, faisant tourner en cercle un cheval tenu par une longe. Sans lâcher son élève, elle s'était approchée de nous et avait parlementé un moment avec ma mère. Je regardais autour de moi : une dizaine de chevaux pointaient la tête au-dessus de la porte de leurs boxes. Je compris que j'allais pouvoir approcher un cheval (un vrai, un grand !), le toucher, lui parler, voire lui grimper dessus.

Le bonheur est ingrat. J'ai oublié la couleur et le nom de tous les chevaux qui furent mes compagnons de cet été-là. Mais je me souviens encore du mouvement qui me portait vers eux, de la fascination que j'éprouvais en découvrant leur taille et leur puissance, qui s'étaient révélées à ma portée. Je pouvais monter sur leur dos, les guider d'un geste de la main – ou marcher à côté d'eux en prenant garde que leurs pieds n'écrasent pas mes orteils !

Par quelle magie pouvaient-ils me comprendre ? En quelques jours, ils étaient devenus mes copains. Les brosser, porter leurs seaux remplis d'eau (pas de Jean Valjean pour soulager Cosette !), la fourche lourde de fumier ou le foin serré en ballots... je ne rechignais devant aucun fardeau, puisqu'ils me permettaient de rester auprès des chevaux. A cet âge, une telle expérience vaut tous les devoirs imposés par l'école. On se sent responsable, on apprend le prix de la vie et le respect pour autrui. Enfin, on s'approprie, par soi-même, une certaine sagesse pratique : celle qu'on ne reçoit pas des livres ou de la télévision.

Cependant, peu à peu, sans que je puisse dire quand ni comment, mon amitié pour les chevaux se transforma en amour. Et, à son tour, cet amour ne tarda pas à donner naissance à une vraie passion. A quatorze ans, je ne concevais plus de vivre sans Vezuna. C'était une petite jument alezan, l'œil pétillant, le poil soyeux, qui possédait toutes les qualités de l'anglo-arabe. Brillante, acrobate, coquine, têtue, elle fit tout de suite ma conquête quand sa propriétaire, une Marseillaise très occupée par son travail, me la confia pour la monter en compétition de saut d'obstacles.

A cette époque, je n'en étais plus à curer le fond des boxes pour gagner quelques heures de monte. Au country-club d'Aix-en-Provence, j'avais atteint le grade de « seconde de moniteur ». Je passais mes jeudis, samedis et dimanches à donner des reprises aux débutants, dans la poussière de la grande carrière, ou à sortir les chevaux de propriétaires pour les détendre. Après avoir obtenu tous les examens fédéraux, je participais à des concours de dressage et de saut d'obstacle, avec les chevaux du club ou ceux de divers propriétaires. Chaque fois, cependant, il me fallait changer de monture.

Or on m'offrait la possibilité d'avoir désormais une jument attitrée, à condition que je finance moi-même « son gîte et son couvert ».

Mon emploi du temps était déjà bien chargé, mais je trouvais encore le moyen de multiplier les baby-sittings le soir, de redoubler mon activité de monitrice le week-end et durant les vacances. Je ne reculais devant aucun effort : Vezuna en valait la peine. Nous étions devenues de vraies complices. Elle était capable de me déshabiller pour trouver une carotte cachée dans une de mes poches. Étonnée par la cigarette que j'avais parfois entre les doigts, elle s'approchait, curieuse, et venait humer sa fumée, avec une mimique presque humaine.

J'allais la voir tous les jours où je n'avais pas classe – et parfois même, en cachette, après l'école, avant de regagner la maison. Quand elle me voyait arriver sur ma Mobylette, elle sortait la tête par-dessus la porte de son box et hennissait, comme pour me dire qu'elle avait failli attendre... J'accourais à elle, son licol à la main, et nous partions nous balader dans la pinède. Certains jours, je la trouvais couchée, nonchalante, paresseuse. Je savais alors qu'il était inutile de la brusquer. Je m'étendais contre elle, sur la paille, et nous partagions nos rêves et nos secrets.

Elle aimait la compétition. Elle aimait le rituel de la préparation – les douches, les brins de laine colorés que je tressais à ses crins, les damiers que je dessinais sur sa croupe avec de l'eau sucrée. Elle aimait ces voyages qui nous conduisaient, ensemble, à Salon, à Marseille, à Montpellier. Au milieu des autres concurrents, elle était surexcitée, certaine de son charme et de sa vivacité. Mais lorsque nous entrions dans la carrière d'obstacles, après les présentations au jury, son animation se transformait en une énergie appliquée, concentrée sur la moindre de mes indications.

Nous formions un couple poids plume, plus léger que ne le prescrivait le règlement, et j'avais été obligée de confectionner un tapis spécial, muni de poches que je remplissais de plomb. Les obstacles étaient si hauts pour Vezuna que son coup de reins, au moment de l'appel, me donnait l'impression d'un envol. Les postérieurs repliés sous le ventre, la tête entre les genoux, elle passait – elle passait toujours. Pour rien au monde, elle n'aurait voulu commettre une faute. Elle avait compris les règles du jeu.

Au bout de deux ans, nous avions remporté tant de coupes que l'on nous sélectionna pour les championnats de France juniors. Nous allâmes à Compiègne, pour les finales. Ce fut un beau voyage, mais ce fut le dernier. Vezuna était devenue une vedette. Sa propriétaire envisageait de la reprendre.

Qu'on imagine l'étendue de mon malheur. Vezuna était tout pour moi, et l'on menaçait de m'en priver ! Sans hésiter – mais sans réfléchir non plus –, je décidai d'enlever « ma » jument. Je me débrouillai pour trouver un camion, je vins la chercher en pleine nuit, je la conduisis secrètement chez des amis, dans la campagne aixoise. C'était une folie, bien sûr, mais j'avais perdu la raison. Notre escapade dura quarante-huit heures.

Lorsqu'on m'arracha Vezuna, j'étais déjà dégoûtée par la compétition et par ses mœurs. Puisque, dans ce monde-là, l'argent comptait plus que les sentiments, je n'y avais plus ma place. J'abandonnai tout, ne gardant de ces années que le souvenir d'un enchantement perpétuel, le souvenir d'une amitié très forte entre une enfant et une jument.

Des amis me donnèrent encore des nouvelles de Vezuna, qu'ils avaient croisée dans des compétitions : « Elle n'aime plus sauter, elle a perdu le moral. » Puis j'appris qu'elle était tombée sur un obstacle, qu'elle s'était cassé la jambe, et que le vétérinaire avait été obligé de l'abattre.

Vezuna a rejoint les mirages de ce jour brûlant et son image s'évapore dans le soir qui vient. A son tour, drapé dans un voile carmin, le désert se confond lentement avec la nuit. Bientôt, on ne pourra plus dire où commence le ciel et où finit la terre. Les trois chevaux qui s'éloignent auront été mes derniers visiteurs aujourd'hui. J'ai beau scruter la plaine à l'aide de mes jumelles, rien ne s'annonce. Je reste seule dans le silence – pas même un brin d'herbe pour retenir mon regard, d'ici à Dick Willem, ce volcan éteint, posé sur l'horizon comme un gros caillou noir.

Vezuna m'a tant appris.

Le vent d'est souffle de plus belle, mais ma maison a l'air de tenir bon.

4

Chaque journée déploie son arc de l'aube au soir, et chaque journée est différente. Le désert n'est ni impassible ni indifférent. Il bouge, il respire, il avance. Il faut vivre avec lui au temps présent. Malgré l'égalité apparente de la lumière, malgré l'immobilité du sable et des cailloux, chaque heure apporte son événement, son bonheur ou sa catastrophe. Une semaine en ville n'est pas plus riche de péripéties.

Cette nuit, par exemple, quelque chose m'a tirée du rêve où Vezuna était venue me câliner. Était-ce la toile de tente qui battait ? Une présence étrangère, amie ou ennemie ? Retenant ma respiration, sans sortir du duvet, j'ai collé l'oreille contre la paroi, et j'ai perçu, distinctement, un bruit de source, comme si de l'eau avait jailli au milieu des sables ! Je reconnaissais le clapotis des gouttes qui tombent en pluie. Au clair de lune, rien ne pouvait être plus rafraîchissant... Était-ce encore mon rêve, ou un mirage, inspiré à l'habitante du désert par le souvenir des fontaines de Provence ?

La réponse était simple, quoique improbable : quelqu'un prenait un bain de minuit dans l'abreuvoir ! L'eau giclait par-dessus bord, et le flotteur avait ouvert la vanne de remplissage. L'intrus s'en donnait à cœur joie, sans s'apercevoir qu'il était épié. Au bout d'un moment, une silhouette à quatre pattes a sauté à terre et s'est ébrouée. Puis elle a fouiné dans le sable, autour du point d'eau. C'est alors que sa démarche sournoise a trahi son identité : mon visiteur était la hyène brune, qui ne se met jamais à découvert. La curiosité l'a cependant conduite jusqu'à la porte de ma tente, là où j'avais laissé la marmite dans laquelle avait mijoté mon repas du soir. Je n'osais plus bouger, de peur d'effrayer l'animal. Il dégusta les restes de mon dîner, avant de poursuivre sa route en direction des montagnes.

Je refermai les yeux et tentai de retrouver les personnages de mon rêve.

Mais, depuis ce matin, je cherche partout la cuiller en bois qui était posée près de la marmite. Mes soupçons se portent sur la visiteuse de la nuit. J'ai beau tourner autour du camp, fouiller dans le sable, suivre les empreintes de la hyène, qui me mènent derrière les buissons d'euphorbe : aucune trace de mon précieux ustensile. L'aura-t-elle emporté comme un trophée ?

Les journées « au bureau » ne sont pas moins pittoresques.

Assise en tailleur devant la valise qui me sert de

secrétaire, j'ouvre, pour la première fois, mon carnet de bord. « Dimanche 1er septembre. 6 h 45. Température 8 °C. Hygrométrie 52 %. Vent fort E.N.E. (estimation 80 km/h). » Accrochés en haut du principal pilier de la tente, le thermomètre et l'hydromètre ne sont pas vraiment situés à deux mètres du sol, comme le prescrit le mode d'emploi, mais au moins resteront-ils à l'ombre toute la journée. Je me suis fixé comme règle de faire ce relevé le plus souvent possible, à toute heure du jour et de la nuit. Le carnet m'accompagnera partout, dans la poche de ma salopette.

J'aurais aimé l'inaugurer par quelque notation plus insolite, mais ces informations sont le minimum indispensable pour une première étude du comportement des chevaux.

En quatre heures, les 8 °C de l'aube se sont transformés en 42 °C à l'ombre. Il est maintenant difficile de se tenir en plein soleil la tête découverte. Le dernier-né d'une importante famille d'alezans vient de tomber entre les pierres. Je n'avais encore jamais vu ces chevaux. C'est sans doute la naissance du petit qui les a retenus loin du point d'eau durant les cinq jours qui se sont écoulés depuis mon arrivée.

A cette heure torride de la journée, quelque vingt assoiffés se chamaillent pour prendre leur tour devant l'abreuvoir, et personne ne se soucie du poulain tombé à terre. Sa mère, qui tente désespérément de le protéger, est bousculée de toutes parts. Son enfant va se faire piétiner !

Je m'étais interdit de me mêler de leurs affaires. Mais comment pourrais-je rester passive alors que, sous mes yeux, un nouveau-né est en péril ? Sans doute, ces chevaux sont sauvages ; sans doute, il convient de laisser agir la nature... Toujours est-il que l'émotion prend le dessus. Qu'on appelle cela sentiment de culpabilité ou esprit de solidarité, peu m'importe ! Je me dirige vers le poulain.

J'ai à peine accompli deux ou trois pas en leur direction que, affolés, tous les chevaux prennent la fuite. Seule la mère est restée là. Il lui en a fallu du courage – fût-il dicté par ce qui s'apparenterait à de l'amour, ou par l'instinct – pour oser se dresser face à l'inconnu. Elle ne laissera pas l'étrangère approcher son enfant. A une lueur de panique dans son œil, je comprends qu'elle est prête à tout pour le défendre.

Le langage des chevaux est universel – du moins l'ai-je constaté jusqu'à aujourd'hui. Je n'aurai donc pas de mal à me faire comprendre. En tout cas, je ne risque pas grand-chose à essayer. Mais il vaut toujours mieux s'assurer contre les excès d'optimisme, et je prends soin de me munir d'une poignée de cailloux dans chaque main : on ne sait jamais...

Je m'avance vers la mère et son enfant, d'un pas décidé, tout en leur parlant sur un ton qui se veut rassurant. Aussitôt, la mère s'écarte à quelques mètres et me fait face. Je m'immobilise à mon tour et la regarde fixement : « Attention ! Ne sois pas idiote ! Pour le moment, c'est moi qui vais m'occuper du blessé. Compris ? » Malgré ces belles formules que je prononce, sans accent, en espéranto des chevaux, la mère ne semble pas disposée à changer d'avis. Tête basse, elle est prête à me charger.

Au premier pas qu'elle esquisse vers moi, je hurle, agite les bras, la menace de mes cailloux. Cela suffit à l'éloigner de quelques mètres. Mais c'est pour mieux reprendre son élan. La voici qui charge à nouveau, quoique plus mollement. Mais j'ai raison de tenir bon. Devant mon air agressif, obstiné, elle rebrousse chemin.

J'ai enfin pris la position dominante. La mère est immobile, mais je préfère rester sur mes gardes, car elle peut mettre à profit la moindre de mes hésitations. « Allez, recule encore de quelques mètres. N'aie pas peur pour ton petit, je ne lui veux aucun mal. »

A contrecœur, elle me laisse enfin approcher son enfant. Il est là, étendu sur le sol, le corps bloqué par de grosses pierres. Il respire avec difficulté. Peut-être s'est-il assommé en heurtant ce rocher, près de sa tête.

Délicatement, sans cesser de surveiller la mère du coin de l'œil, je dégage une à une les pierres qui emprisonnent le petit. A présent, il pourrait s'étirer, mais ne bouge pas d'un poil. J'ai beau le toucher partout, le caresser, lui parler... aucune réaction. Seule sa respiration a retrouvé un rythme plus normal. « Tu ne peux pas rester là, au milieu des grands qui vont te piétiner. »

Je le prends dans mes bras. Un poids plume ! Il doit avoir tout au plus quatre ou cinq jours. Ses jambes sont pendantes, et sa tête repliée sur son encolure. « Ne t'inquiète pas, on va marcher une centaine de mètres, et je te déposerai sur le sable doux. »

Pendant plusieurs minutes, il reste inerte, sur le

sol, comme un rocher de plus dans le désert. Sa tête se retourne et retombe. Il doit encore être sous le choc. A peine me suis-je écartée de lui que sa mère se précipite. Elle le lèche, comme pour effacer mon odeur, pendant que son regard me surveille au loin, sans rancune. Elle protège son petit entre ses jambes, tandis qu'il essaie de se relever. Mais ses quatre pieds tremblants refusent de le porter. Il retombe sur le sable, de tout son long.

Je retourne sur mon promontoire, et l'agitation ne tarde pas à reprendre autour du point d'eau. Le nouveau-né est hors de danger; à l'ombre de sa mère, il semble maintenant endormi. Pourtant, le père s'impatiente déjà. Lui qui, dans ce moment critique, n'a brillé ni par son dévouement ni par sa bravoure, il tient désormais à montrer à la jument que c'est lui qui donne les ordres : monsieur souhaiterait se dégourdir un peu les jambes. D'abord solidement plantée au-dessus de son protégé, madame l'ignore. Mais l'injonction est bientôt si pressante qu'il serait malséant de ne pas s'y plier : l'heure du départ a sonné.

Secoué par les naseaux de sa mère, le poulain finit par se relever. Il fait quelques premiers pas maladroits, porte le nez au vent, puis essaie, tant bien que mal, de suivre ses parents. Ils avancent en traînant, et s'arrêtent souvent pour l'attendre. Où seront-ils quand viendra la nuit ?

Sur mon carnet, les Sans Rancune ont ouvert la liste. Je vais donner un nom à chaque famille. Ainsi, je pourrai écrire le journal du désert, avec ses personnages et ses péripéties – un récit vieux comme le monde, mais qu'on a perdu l'habitude de lire dans le texte. Ici, ce sera le seul livre dont je pourrai tourner les pages.

En vérité, le sacrifice n'est pas immense. Mes livres préférés ont toujours été des paysages, des itinéraires, des cartes de géographie. Je déchiffre aujourd'hui le désert du Namib comme un texte inconnu, ou plutôt comme une partition, dont il me faut interpréter les signes.

Pourquoi s'embarrasser de livres quand chaque journée qui passe est une page de lecture dense et bouleversante ? J'ai rarement éprouvé le besoin ou l'envie de me plonger dans un roman : la réalité me semble plus mystérieuse, plus palpitante que la fiction. Lorsque nous étions enfants, ma sœur aînée et moi ne risquions pas de nous disputer *Les Petites Filles modèles* ou les volumes du *Club des cinq* : la comtesse de Ségur aurait bien plutôt dû venir puiser son inspiration dans notre chambre bleue. Non, j'avais tant à faire : par exemple, j'élaborais des stratégies pour m'approprier les fameux chocolats de Pâques que ma sœur gardait pieusement dans son armoire, pendant des mois, quand j'avais dévoré les miens le jour même de la fête. Cette impatience ne m'a jamais quittée. Je ne comprends pas que l'on puisse économiser ses sentiments, ses émotions, ses plaisirs, les thésauriser, les accumuler dans des armoires ou dans des romans, alors qu'on peut les goûter, maintenant, dans la vie quotidienne.

A cette époque, je préférais me plonger dans des journaux, dans des magazines, dont je découpais les articles et les illustrations. Un seul livre existait à mes yeux, et je l'ouvrais chaque fois que mon père, ingénieur en électricité à Paris, partait travailler au Congo, au Cameroun ou au Gabon. Feuilleter les pages de l'atlas, c'était un peu regarder défiler les noms de destinations exotiques, sur le tableau des départs dans le grand hall d'Orly. Je m'installais dans le fauteuil de mon père, et j'essayais d'imaginer, pendant des heures, à quoi ressemblait l'Afrique. Du doigt, je pouvais sauter d'un continent à l'autre, remonter le cours des fleuves, traverser le désert, avant d'arriver au pays où était mon père. Pour mieux me le représenter, là-bas, dans ce monde inconnu, je dessinais un point au milieu de la carte : il était aussi gros que Brazzaville. Je refermais le livre, mes yeux se perdaient dans le vague. Et moi, pourrais-je un jour projeter mon ombre sur les terres de l'atlas ?

5

Postée sur mon promontoire, à la porte du campement, coiffée du même chapeau de paille, et vêtue de couleurs neutres, je guette les chevaux du matin au soir. Avec le temps, ils ne dévient plus de leur route ; ils ont compris que la tente n'avait rien d'un prédateur et qu'elle n'allait pas s'élancer à leur poursuite. Elle est devenue un élément du décor comme un autre.

Malgré la familiarité que j'ai acquise avec les chevaux, il m'est difficile de donner son nom à chacun : chaque jour, il en vient une centaine à l'abreuvoir. Je me tiens à l'écart, en hauteur, et la lumière blanche écrase les couleurs, aplanit les reliefs, comme une image sépia vieillie par le temps, avec ses dégradés de bruns se détachant sur un fond jauni. Aussi ai-je souvent l'impression que tous les chevaux sont bais. Mais chaque famille a ses caractéristiques.

La famille Éclair n'a pas paru depuis deux jours. J'avais noté qu'ils étaient cinq : un mâle, deux juments adultes, un poulain de moins de six mois, et un autre de plus d'un an, tous bais et en bonne santé. Ces premiers éléments sont ceux que je note dès l'arrivée d'un groupe de chevaux. Sur chaque page de mon carnet, en dessous de la date et de l'heure, cette description sommaire de chaque famille dessine ainsi le schéma de base, sur lequel toutes les observations particulières viennent se greffer.

« Arrivée à 10 h 10 par le sud-est, départ 10 h 18 par le sud-ouest. » Telle est la formule lapidaire par laquelle j'ai rendu compte de la première apparition des Éclair. Ils ne m'ont pas laissé le temps d'en écrire davantage ! Je me souviens bien de leur visite : à peine avaient-ils bu qu'ils repartaient, sans même avoir remarqué ma présence.

D'habitude, une famille s'attarde plus d'une heure autour du point d'eau. Je peux ainsi avoir le temps de noter quelques détails sur le comportement de chacun. Par exemple, le couple Les Sages :

« 8 h 20, arrivée au pas, côte à côte, comme deux amoureux en vacances; se placent sous le vent; immobilité et observation des alentours avant de boire : six minutes; mâle grappille çà et là le crottin desséché; jument se couche de tout son long et s'endort; départ 9 h 35. »

Pour effectuer leur dénombrement exact, il me faut noter davantage de détails qui me permettront de distinguer les chevaux les uns des autres. Il me faut les approcher de plus près, déterminer leur âge approximatif et leur sexe, distinguer les particularités de leurs robes, jusqu'à la moindre trace de balzane, cette tache blanche qui orne le paturon, au-dessus du sabot; remarquer s'ils portent la crinière à droite ou à gauche; déceler les épis sur l'encolure ou les cicatrices gravées sur le corps.

J'ai bon espoir d'y parvenir bientôt. Depuis quelques jours, ils sont moins farouches. Je fais déjà quelques pas vers l'abreuvoir, tout en surveillant leurs réactions : tant que je ne me dirige pas directement vers eux, ils ne cherchent pas à fuir. Ils sont chaque fois plus confiants.

Les Belle Face arrivent, nonchalants, par le fond du vallon. Ils sont sept. Eux, je les reconnais de loin, grâce aux larges taches blanches qui recouvrent leur chanfrein. Le jeune mâle doit approcher de ses deux ans. Même ses lèvres sont blanches!

Je m'apprêtais justement à aller chercher de l'eau. Pourquoi devrais-je renoncer à mon projet? Ne sommes-nous pas logés à la même enseigne? J'ai soif, moi aussi, et j'ai besoin de me laver... Les chevaux ont beau être des habitués de l'endroit depuis plus longtemps que moi, cela ne leur confère aucune priorité. L'eau est trop précieuse, ici, pour que personne se l'approprie. Il faudra bien qu'ils acceptent de la partager! Du reste, qu'ils s'abreuvent en même temps que je remplis mon seau : cela ne me dérange pas.

Ils se sont arrêtés à quelques mètres, interloqués : je vaque à ma corvée, sans paraître me soucier de leur présence. Ils ont une envie folle de s'approcher pour boire.

« Alors? Lequel d'entre vous se décide? »

Finalement, le jeune mâle aux lèvres blanches

s'avance, d'un pas hésitant, le bout du nez déjà tendu vers l'eau. Il a beau tirer son encolure vers l'avant, il lui manque encore deux pas. Je suis à trois mètres de lui, appuyée sur l'autre extrémité de l'abreuvoir. « Allez, pitchoun, vas-y. Tu sais, des chevaux, j'en ai vu boire d'autres avant toi. »

Ces mots, prononcés à voix douce, semblent le rassurer. Malgré sa position inconfortable, il atteint maintenant la surface de l'eau, qui siffle entre ses lèvres. Je ne bouge pas. Je continue seulement de lui parler, tout doucement. Sa mère, flanquée d'un autre poulain, s'avance à son tour, suivie de toute la famille. Courageux, mais pas téméraires, ils se serrent les uns contre les autres, et se marcheraient dessus pour éviter de s'approcher de moi.

Je découvre avec étonnement qu'ils ne sont pas aussi grands que je le croyais. En observant de loin leurs corps musclés et leurs allures déliées, dans ce paysage nu comme la paume de la main, j'avais eu tendance à surévaluer – ou à idéaliser – leur taille.

Le chef, qui est le plus robuste de la bande, mesure tout au plus un mètre cinquante. A peine a-t-il fini de boire (la soif passe avant les sentiments) qu'il donne libre cours à sa jalousie et s'interpose entre ses juments et moi. Il a dominé sa peur de l'étrangère. Il me tance maintenant, l'air effronté, à moins de deux mètres. Ses oreilles légèrement couchées, son œil plissé qui dévoile un mince filet blanc sont autant de signaux annonçant qu'ici, le chef, c'est lui, et que j'aurais intérêt à ne pas trop traîner dans les parages...

Dans ces situations-là, il vaut mieux répondre du

tac au tac, faute de quoi on risque de perdre à jamais son prestige et son autorité. Il suffit souvent de renchérir dans les rodomontades. Je me redresse, face au chef, l'air décidé et insolent. En présence d'une détermination affichée aussi crânement, il ne reste au cheval qu'une solution, qui lui permettra de ménager à la fois sa susceptibilité et son honneur : il s'en retourne boire, comme si de rien n'était. Il a compris que j'appartenais, moi aussi, à ce lieu, et que j'avais autant que lui droit au respect. Il conservera sa place de protecteur ; je pourrai demeurer près de l'abreuvoir.

C'est ainsi, par l'exercice du respect mutuel, que l'on parvient à vivre en société avec les animaux. Cette relation particulière n'exclut en rien la problématique de la domination et de la soumission. Mais elle ne peut s'exprimer que dans la communication, par un ensemble de signes émis et de signes perçus. Pas plus que l'eau du désert, les chevaux n'appartiennent à qui que ce soit.

Paradoxalement, et plus que jamais dans le désert du Namib, le cheval est le dépositaire du passé de l'homme. Il est forgé des archaïsmes de l'humanité. Il y puise sa force évocatrice universelle.

S'intéresser au cheval, c'est fouiller dans cette conscience archaïque qui fait que l'être humain, d'où qu'il vienne, se retrouve dans les gestes et les émotions universels. A cheval, l'homme renoue avec la nature qui le glorifie. En apprenant à vivre avec les chevaux, il découvre l'humilité. Jamais l'homme n'est plus humain que lorsqu'il invente le langage. Il renonce à être propriétaire du monde pour en devenir l'observateur, l'admirateur, l'acteur, le chroniqueur.

Je me revois, enfant, derrière la porte de ma chambre bleue : je m'étais assurée que personne ne viendrait me déranger, et j'ouvrais la porte de la cage de mes canaris au-dessus de la plante verte. Les oiseaux sortaient toujours dans le même ordre – le mâle en premier –, puis ils s'accrochaient aux dentelles des rideaux, survolaient le caoutchouc, se posaient sur mes cahiers ou se perchaient sur mon épaule. Un jour, je leur ai même ouvert la fenêtre de la chambre. Je pensais qu'ils reviendraient !

J'ai dû ranger, pour toujours, la cage au grenier. Plus jamais je n'ai possédé d'animaux. J'ai préféré apprendre leur langage.

6

Je sais bien que les chevaux ne comprennent pas nos mots. Mais nos mots ont une musique, qui suffit à traduire les sentiments. Le langage ne serait-il rien d'autre qu'un partage des émotions qu'il occuperait déjà la première place parmi ce qu'il nous est donné d'admirer sur terre. De ce point de vue, le langage que j'élabore avec les chevaux n'est guère différent de celui que j'ai pratiqué pendant tant d'années, et qui s'exprimait sur l'ivoire et l'ébène d'un clavier de piano.

J'ai commencé à apprendre la musique à cinq ans, d'abord par désir de suivre les traces d'Élisabeth, ma sœur aînée, dont les gammes au piano m'émerveillaient, puis par devoir, mes parents m'ayant très vite poussée à persévérer.

Rien ne me paraissait plus redoutable que ces longues heures passées, chaque jour, à martyriser mes doigts sur les touches du piano, à déchiffrer des partitions, à monter des gammes et à égrener des arpèges. C'était cher payer le plaisir que j'éprouvais ensuite, quand mes parents avaient des invités et que, après le repas, ils demandaient à la pianiste en herbe de jouer quelque valse de Chopin ou un prélude de Bach. Alors, j'oubliais les moments de souffrance et d'ennui. Les notes coulaient sans heurts au bout de mes doigts, qui volaient de touche en touche, légers, véloces, indépendants de ma volonté, pour donner naissance à la musique. Les mélodies étaient ma parole, la parole d'une enfant qui avait enfin le droit de parler aux adultes, qui était enfin écoutée d'eux.

Mes parents ayant rencontré quelques difficultés financières, je dus bientôt renoncer aux leçons particulières, et l'on m'inscrivit au conservatoire national d'Aix-en-Provence. Les locaux – un hôtel particulier récemment restauré – étaient somptueux. Deux fois par semaine, en franchissant la grande porte d'entrée encadrée de statues, j'avais l'impression de pénétrer dans un sanctuaire, la Maison natale de la Musique, ou quelque demeure aussi prestigieuse. Je faisais halte devant la salle d'audition et frémissais en songeant au concert de fin d'année, qui tenait lieu d'examen de passage dans la classe supérieure.

Mais, pour le reste, l'enseignement n'avait rien d'exaltant. Dans la petite salle du troisième étage, je retrouvais mon professeur et ses crayons directifs, noirs ou rouges, dont les pointes s'écrasaient sur les partitions et en barbouillaient les marges, avec la régularité d'un métronome. La Maison natale de la Musique était habitée par des fonctionnaires !

Quand je devins concertiste, quelques années

plus tard, je ne pus me faire à l'obligation d'interpréter des morceaux écrits par les autres. Je voulais m'exprimer, selon mes états d'âme, au gré des circonstances, sans me soucier des coups de crayon rouge ou noir que la société aime à tracer partout. Je n'ai pas mené une carrière de pianiste, mais je ne l'ai jamais regretté. Encore moins aujourd'hui, où je vis à l'écoute de la musique du désert, face aux chevaux sauvages, auxquels je peux chanter mes mélodies de mots.

Lorsque, sans prévenir, je quittai la maison familiale, j'avais dix-huit ans, mon bac, le prix du conservatoire et une vieille Simca 1000 que je venais de m'offrir. Pour tout bagage, j'emportais quelques vêtements fourrés à la hâte dans un sac.

Où allais-je? Quelles routes avais-je envie de parcourir? Le monde de la compétition équestre m'avait déçue, et j'avais abandonné le monitorat d'équitation. Mes parents, qui connaissaient ma soif d'explorer le monde, m'encourageaient à devenir... hôtesse de l'air. Pour ma part, je n'entrevoyais qu'une solution : je devais persévérer dans la musique.

Ce soir-là, je rangeai ma chambre en cachette, je préparai mon sac et le déposai discrètement dans l'entrée, près de la porte. Comme d'habitude, je passai ensuite au salon, à l'heure du sacro-saint journal télévisé. Personne ne prêta attention à moi lorsque je m'assis au bord du canapé, à côté de mes sœurs aînées. Je jetai un regard en coin à mes parents : leur visage ne trahissait rien que l'intérêt pour les nouvelles du monde. Tout paraissait normal. Seule ma mauvaise conscience était en éveil.

La ritournelle de la publicité... c'était le moment ou jamais. « Bon... j'ai trouvé une chambre dans un club hippique, pour quelque temps. Je pourrai suivre mes études de musique en fac et... » Mais le visage troublé de mes parents, leur regard mêlé de tristesse et de colère me dissuadèrent d'exposer mon programme en détail. Je me levai, traversai le couloir, ajustai mon sac sur l'épaule. Et je n'eus pas besoin d'ouvrir la porte du palier... mon père l'avait fait pour moi. En lieu et place du baiser habituel, ce fut une gifle qui claqua.

Je franchis cette porte comme on sort de l'adolescence.

Je me souviens du désir qui agissait alors en moi : je voulais secouer un joug qui me pesait. J'avais conscience de la dureté de l'épreuve que j'infligeais à mes parents, mais j'étais trop fière de me prendre par la main, et j'avais décidé de ne plus jamais demander leur aide matérielle. Cependant, je souhaitais les retrouver, dès que ce serait possible, pour toute l'affection que je leur portais.

Le soir même, je me retrouvai, seule, dans une vieille demeure inhabitée depuis des lustres, au cœur de la campagne aixoise : trois pièces, une cuisinière à charbon, quelques meubles entassés sous la poussière, une fenêtre qui donnait sur des écuries... Le propriétaire m'avait permis de m'installer là, à condition que j'entraîne les deux juments qu'il avait en pension, et qui participaient parfois, avec lui, à des compétitions. Il ne m'en fallait pas plus pour être heureuse, et peut-être ai-je affiné là mon goût pour ce mélange de solitude, de désert et de chevaux qui, sans doute, m'a amenée en Namibie...

Cependant, je n'étais pas coupée du monde. Pour payer le pain que je mangeais et mon inscription à la faculté de musicologie, je tins, pendant quelque temps, la caisse d'un marchand de fromages, sur la grand-place d'Aix. Puis je cherchai un emploi plus conforme à mes compétences et donnai des leçons de piano à domicile. Les deux juments que j'entraînais à l'obstacle comblaient ma passion : je m'occupais d'elles tous les soirs, les sortais parfois en liberté dans le manège couvert, ou les montais.

La cuisinière à charbon me chauffa, tant bien que mal, tout un hiver. Mais les visites du propriétaire des juments devenant un peu trop fréquentes, ses propositions de m'emmener en ville trop insistantes, je décidai brutalement de plier bagage, et m'établis dans un grenier loué par des fermiers, à deux pas du club hippique que j'avais fréquenté durant toute mon enfance. Je restais ainsi en contact avec les chevaux, que je pouvais voir passer, chaque jour, sous ma fenêtre, tandis que je faisais mes gammes et mes arpèges. Les cours d'histoire ou de sémiologie de la musique ne m'intéressaient guère; mes élèves me révélaient chaque jour l'ingratitude de l'enseignement; mais les musiciens professionnels que je rencontrais me permettaient d'entrevoir la vie de concertiste, la vie d'une voyageuse.

En trois années, malgré des difficultés financières qui m'obligèrent à déménager plus de cinq fois, à loger dans des chambres sombres, au fond de ruelles étroites, j'obtenais ma licence de musicologie et m'aventurais à vivre de la musique.

De salles de spectacle en places de village, de cérémonies religieuses sous des voûtes d'églises en défilés de mode dans des salons chic, mes premiers pas de musicienne me condamnaient à poursuivre une vie nomade qui ne me déplaisait pas. Il m'était évidemment difficile, dans ces conditions, d'avoir un mari, des canaris ou un bahut breton – et, à vrai dire, je ne m'en plaignais guère. Libre de toute attache, je pouvais profiter pleinement de cette indépendance enfin acquise. Je retrouvais parfois la grande table familiale, chez mes parents, et, sans insister, je tentais de leur faire partager les plaisirs de ma nouvelle vie.

Bientôt, des amis musiciens m'invitèrent à me joindre à eux. Ils voulaient préparer une série de concerts en duo et en quartette pour le printemps suivant, et il leur manquait un pianiste. Je quittai Aix pour Marseille, où j'échouai dans un deux pièces sombre et humide, au rez-de-chaussée d'un vieil immeuble. Je n'y avais apporté qu'un seul meuble, mon piano, mais c'était sans doute encore trop, car je ne pouvais pas en jouer après 22 heures. Il était pourtant ma seule raison d'être entre ces murs.

La porte du fond de la cour donnait directement sur le marché des Capucins. En la franchissant, on pénétrait dans un Marseille coloré, qui fait oublier sa misère par sa gouaille. Les camemberts à deux francs et les poulets à dix y attiraient les chalands qui n'auraient pas eu les moyens de s'offrir les denrées d'un quelconque Monoprix. Je n'ai pas oublié les mélodies citadines qu'on entendait : « Deux peignes, un franc », criait à longueur de journée un vieil homme toujours serré dans la même veste à rayures ; « Trois tomates, ma belle », répondait un autre sous la visière de sa casquette, en prenant soin de ne pas servir aux clients les beaux fruits de l'étalage, mais de saisir et d'emballer prestement, d'une main expérimentée, ceux du dessous, mâchurés et talés.

Dans les ruelles avoisinantes, les bars exotiques ne désemplissaient pas, la pizzeria veillait jalousement sur sa réputation (on la disait la moins chère de la ville), et les baraques à frites éclairaient leurs sandwichs à toute heure du jour et de la nuit. Mais cet univers « typique » ne parvenait pas à me distraire. Le soleil pouvait bien donner dans la cour, et la rue vibrer, peu m'importait. La ville n'était pas mon cadre habituel. Dès que j'avais un peu de temps, je sautais dans ma vieille Ami 6 et me dirigeais vers le port marchand, où j'observais les paquebots qui prenaient la mer...

Et puis, j'avais mon piano. Dans les œuvres des grands musiciens, j'avais appris la richesse des harmonies. Grâce à cet héritage, une simple mélodie, qui naissait sous mes doigts, suffisait à engendrer un thème, un refrain, que je pouvais noter, abandonner ou travailler. Les paysages intérieurs se déroulaient ainsi en moi, s'animaient, et je leur donnais le champ libre, sans pudeur et sans retenue, loin de la ville.

Musique improvisée, tel était le titre des concerts que nous préparions. Deux fois par semaine, nous répétions à l'Estaque, derrière le port marchand, dans le garage d'une villa qu'habitait la famille du saxophoniste, insonorisé par son père avec de la laine de verre. Tantôt penchés sur les partitions, nous mettions en place les thèmes que nous écrivions; tantôt nous écoutions nos improvisations respectives et accordions nos sensibilités. A la fin de l'hiver, notre répertoire était au point. Nous étions prêts pour le premier concert.

Lorsque, des coulisses, je jetais un regard inquiet vers la salle, je découvrais ce public au visage multiple dont la conversation discontinue semblait combler l'attente. Et lorsque nous entrions en scène, les projecteurs éblouissants ne me laissaient plus voir que les instruments muets, sous des applaudissements dont je me demandais d'où ils pouvaient venir et qui ils saluaient. Je m'asseyais à mon piano, qui était ma seule défense contre le sentiment de malaise que j'éprouvais. Le premier accord sonnait en harmonie avec le saxophone, la guitare et la batterie, mes doigts se déliaient, le dialogue des quatre instruments remplaçait la conversation confuse des auditeurs.

Les concerts succédaient aux concerts; les spectateurs silencieux y variaient peu; les décors de gradins étaient immuables. Lorsque la salle se peuplait, elle devenait un pays où j'étais contrainte d'habiter, un pays où l'âme des habitués était plus obsédante que nulle autre. Et l'habitude éteignait peu à peu mon désir de jouer.

J'entends encore un musicien professionnel me dire: « Tu dois apprendre à t'inventer des personnages, à les faire parler! Quel que soit ton état d'âme, tu dois jouer pour le public qui est là! »

Mais je n'éprouvais plus de plaisir à jouer en concert, et n'avais surtout pas envie de m'inventer des personnages pour le dissimuler. Je jouerais désormais pour moi, là où je serais, et quand l'envie m'en prendrait. Sans masques. Mon public pourrait se résumer à une famille de chevaux hirsutes, et ma salle de concert à une plaine de sable et de roche. Ce serait de la musique, tout de même. Ce serait *la* musique.

Ma carrière de pianiste s'arrêta là.

7

Malgré la chaleur écrasante, le vent desséchant et l'absence d'herbe verte, les chevaux du Namib ne boivent pas tous les jours ! Ils peuvent même se passer d'eau pendant plusieurs jours d'affilée. C'est, du moins, l'incroyable conclusion de mes premières observations.

Ma place favorite est désormais le gros rocher, tout près de l'abreuvoir, au milieu des chevaux qui boivent, et parfois au cœur de leur agitation. Ils acceptent que je les observe, me respectent, et plus jamais les adultes ne cherchent à me déloger.

Ce rocher est en fait un amas de ciment, couleur sable, abritant le robinet de remplissage de l'abreuvoir. L'eau provient d'un réservoir de soixante-quinze mille litres, alimenté par une pompe solaire puisant dans la nappe phréatique, et court dans une canalisation enfouie sous le sable sur plus de cinq kilomètres.

Après avoir étanché leur soif, les Travers se reposent. Le mâle, dont le chanfrein est blanchi par une longue liste, des naseaux jusqu'à l'œil gauche, glane les vieux crottins desséchés par le soleil. Sa jument est étendue de tout son long, la tête posée sur le sable : elle dort, un peu plus loin, au pied de la dune. Tout près de moi, leur poulain joue avec l'eau, du bout des lèvres.

Ce jeune homme est tenaillé par le démon de la curiosité. Comme il me regardait avec application, j'ai laissé tomber mon carnet pour lui raconter des histoires. Il m'écoute. En même temps, l'air de rien, il s'approche doucement.

Son œil droit est recouvert par une épaisse couche de sable, et ses naseaux humides paraissent obstrués. Il passe derrière moi. Dans mon dos, je sens le bout de son nez effleurer mon tee-shirt. Je tourne la tête, et je suis enveloppée par son odeur repoussante : ses longs poils d'hiver sont collés par le lait maternel. Il doit avoir trois ou quatre mois. Ses lèvres mordillent maintenant les bords de mon chapeau. Je tends la main vers lui, et le gratte derrière l'oreille. Il semble apprécier ces caresses de l'étrangère, malgré les rappels à l'ordre de sa mère qui, depuis son réveil, tourne autour de nous sans oser intervenir. Penchant la tête à l'horizontale, il en demande encore ! Mes doigts courent sur son front, derrière l'autre oreille, et descendent vers l'œil invalide. Le sable se décolle avec facilité en superficie, mais la paupière gonflée est bien collée. Il faudrait appliquer des compresses humides, ce qui impliquerait une familiarité que nous sommes loin d'avoir atteinte !

Je passe ensuite aux naseaux obstrués. D'un geste un peu brutal, j'ai arraché, à l'intérieur, une boule de sable aussi grosse qu'une balle de ping-pong. Surpris, le poulain a bondi de côté. Mais la séance doit lui plaire, car il revient, confiant, et frotte sa tête contre ma hanche.

Sa mère est toujours derrière nous, mais ses muscles se sont relâchés. La lèvre inférieure pendante, elle se repose de nouveau, paisible.

A vivre ainsi, parmi les chevaux et les souvenirs – les uns appelant les autres, et vice versa –, j'avais fini par oublier le monde extérieur, celui des villes, des frontières et des administrations. Une Land-Cruiser, au loin, se charge de me reconduire à la réalité – du moins à cette réalité-là. Elle m'annonce la visite du *ranger*, Wilfred, qui, deux fois par mois environ, effectue sa ronde de surveillance dans le territoire. Le véhicule se dirige vers le campement, et je suis contrainte de quitter mes nouveaux copains.

Bien sanglé dans son uniforme kaki orné d'un écusson sur chaque épaulette, Wilfred descend de voiture et me salue. Ses deux compères bushmen, installés sur le plateau débâché, ne bronchent pas. J'aperçois un fusil, calé entre les deux sièges avant.

« Le chef de cabinet du ministère pour la Protection de la nature, à Windhoek, s'inquiète pour vous, m'annonce le *ranger*. Il m'a téléphoné pour me demander de venir prendre de vos nouvelles. Alors ? Tout va bien ? Avez-vous besoin de quelque chose ? Vous ne vous ennuyez pas trop ? »

Je souris en hochant la tête.

« Merci, tout va bien, je vous assure. Je ne pense pas manquer de quoi que ce soit. Vous savez, il y a du monde, ici. Je n'ai pas encore eu le temps de m'ennuyer. Les poulains commencent tout juste à m'approcher ! »

Il roule des yeux étonnés.

« Vraiment ? Ça me paraît incroyable. »

Je lui raconte mes tentatives d'approche, les progrès accomplis, et évoque quelques-unes de mes observations.

Wilfred m'écoute, me félicite, et, pointant le menton vers son fusil : « Nous partons sillonner les pistes de la région, à la recherche de braconniers ou de touristes qui auraient enfreint l'interdiction de pénétrer dans la réserve. Nous n'avons guère de chances de tomber sur eux, mais nous essayons de repérer les traces que leurs véhicules auraient laissées.

« L'hiver dernier, dans le lit d'une rivière asséchée, nous avons fait une découverte horrible. Quelqu'un avait jeté là les carcasses d'un étalon, de ses deux juments et d'un poulain. Leur mort était assez récente. Chaque bête avait une balle logée entre les deux yeux, et le corps tailladé en plusieurs endroits. On n'a pas mis longtemps à identifier l'auteur de ce crime. C'était le chef d'une secte religieuse installée à Keetmanshoop. Cet homme avait besoin de servir de la viande de cheval aux convives d'une grande fête qu'il organise chaque année. Nous l'avons mis en prison, et il n'est pas près d'en sortir ! »

Une dizaine de chevaux approchent, et nous

nous taisons pour les observer. Je reconnais la famille Crins Gris. Ils n'ont pas l'air effrayés par notre petit groupe, ni par le véhicule du *ranger* qu'ils connaissent bien.

J'apprends à mon hôte, de plus en plus perplexe, que les chevaux ne boivent que tous les deux ou trois jours en ce moment.

« On m'avait annoncé qu'ils seraient deux cents environ. Cette estimation est sûrement inférieure à la réalité, mais je ne peux pas encore donner de chiffres précis. De votre côté, si vous pouviez m'en apprendre davantage sur la façon dont ces animaux sont arrivés dans le désert, cela me serait bien utile. J'ai entendu dire que le chef de région, à Lüderitz, avait là-dessus un certain nombre de documents dans son bureau. Si vous y allez ces jours-ci, vous serait-il possible de les prendre et de me les apporter ? »

Il me regarde en réfléchissant :

« Oui, je ne sais pas encore quand j'aurai le temps de me rendre là-bas, mais je m'en occuperai. Quoi qu'il en soit, je vous souhaite bon courage, et à bientôt ! »

La voiture va démarrer quand je pense à l'inconfort dans lequel se trouve mon compagnon le feu. Le vent incessant, qui change de direction plusieurs fois par jour, m'a obligée à construire quatre foyers : un sur chaque côté de la tente. Je me suis résignée à transporter le feu d'un endroit à l'autre. Mais ma réserve de bois se consume à une vitesse inquiétante.

« Wilfred, vous m'avez demandé si j'avais besoin de quelque chose ? Un bon tas de bois mort serait le bienvenu.

– O.K. ! En fin d'après-midi, après notre tournée, on retournera au village charger la camionnette. On vous l'apportera, s'il n'est pas trop tard. »

La voiture s'éloigne dans l'air qui vibre autour d'elle, comme s'il se rétractait au contact de la tôle surchauffée. Il est 14 heures. Le thermomètre marque 43 °C. C'est l'heure la plus chaude de la journée, et les chevaux sont partis, eux aussi. Ils ne reviendront pas avant un petit moment.

8

Tous les dictionnaires – ceux que j'ai laissés en France avant mon départ, avec les romans et les atlas – s'accordent à décrire le désert comme une « zone très sèche, aride et inhabitée ». Dans la langue des Namas eux-mêmes, Namib signifie « le pays où il n'y a rien ». Bref, ce serait le contraire de la vie, et sûrement pas l'endroit où l'on s'attend à faire des rencontres enrichissantes.

Pourtant, derrière l'apparence impassible, immuable, des plaines de sable et de cailloux, la vie existe bel et bien, elle se développe avec tous ses sortilèges, ses inventions et ses métamorphoses.

Pas une journée de désert ne ressemble à la veille. La lumière, l'horizon, tout change insensiblement, mais tout change. Et la lenteur des évolutions dresse le regard à mieux observer, à se défier des mirages, des illusions, et à envisager l'infiniment petit. Le paysage n'est jamais en repos. Sous le sable, une activité incessante : le sol bouge, des galeries se creusent, des tumulus se forment. C'est un serpent qui passe, un scorpion qui s'enterre, un de ces scarabées aux longues pattes à géométrie variable qui, le matin, lorsque le sol est encore frais, rampent à l'ombre des dunes, et l'après-midi, lorsque le soleil a chauffé la plaine, semblent montés sur des échasses.

Telle est cette zone inhabitée, cette région où la vie triomphe, démontrant ses capacités d'adaptation, la richesse de ses inventions. Là, on peut faire de vraies rencontres – oui, des rencontres inoubliables, et inattendues.

Le soleil n'est pas encore levé, mais les *gangas* sont déjà là. Ils sont souvent mes premiers visiteurs du matin. Je les ai surnommés les « chaouchaou », à cause de leur cri. Je n'ai jamais vu d'oiseaux aussi bavards ! Pourtant, à l'approche du point d'eau, ils se taisent, comme pour préparer leur arrivée, puis atterrissent dans un mouvement d'ensemble, qui serait digne du plus parfait ballet.

Ces oiseaux sont connus pour leur extraordinaire adaptation aux milieux désertiques. Leur régime granivore ne leur apportant que très peu d'humidité, ils sont obligés de se déplacer sur de longues distances, entre les zones où ils se nourrissent et les points d'eau.

Ceux que je vois tous les jours, gros comme des pigeons, ont la chance de vivre près de l'abreuvoir, de grignoter les crottins laissés par les chevaux, et d'habiter tout près, dans la grande plaine. Ils ont creusé leurs nids dans le sol. Lorsque je vois le sable fraîchement déposé devant la sortie de leur habitation, c'est sans doute qu'ils viennent de faire le ménage. Mais je ne les ai pas encore vus à l'œuvre.

Ainsi, juste à la surface du sol, dès l'éclosion, les petits sont capables de se nourrir. Le manque d'eau restant leur seul problème, ce sont les mâles qui se chargent de les abreuver. Les plumes de leur poitrail sont pareilles à une éponge. Quand ils viennent boire, ils immergent ces plumes un court instant, et peuvent ainsi transporter plus de vingt millilitres d'eau pour leurs oisillons !

Un bruit de moteur dans le lointain. Une nouvelle visite ?

Une voiture carrée et blanche, à double traction, arrive, brimbalée par les cahots jusqu'à ma porte. Serait-ce l'un de ces braconniers dont m'a parlé Wilfred ? Se montrera-t-il hostile ou amical ? Est-il intéressé par les chevaux ou par mon campement ? Ou bien est-ce un touriste égaré, attiré par le point d'eau comme par un mirage ? Je ne suis pas d'une nature craintive, mais je me tiens prête à toutes les éventualités.

Mon braconnier descend de voiture en souriant : c'est une vieille dame. Très digne, élégamment vêtue, avec un léger pantalon marine, on dirait qu'elle vient chez une amie prendre une tasse de thé ou jouer au bingo – s'il n'y avait ce revolver à sa ceinture...

« Le *game-ranger* m'a parlé de vous, m'explique-t-elle en anglais. J'avais envie de vous rencontrer. J'habite à Aus, le petit hameau, derrière la montagne. Voilà des années que j'œuvre dans ce pays pour la préservation de la nature... J'ai ainsi gagné le droit de me promener, à ma guise, dans ce désert. Ici, c'est un peu chez moi. »

Elle contourne son véhicule d'un pas décidé, ouvre la malle arrière, en sort un grand carton qu'elle dépose à l'entrée de mon camp.

« Ouvrez ça », m'ordonne-t-elle.

C'est la hotte du Père Noël ! Un à un, je sors les cadeaux emballés dans des sacs de papier. Voici une salade verte, un chou, des carottes, des pommes, un ananas, des bananes et... des bières encore fraîches. A chaque nouveau trésor, mon regard incrédule croise le sien, discrètement réjoui.

« Prenez donc une bière. »

Je m'exécute sans me faire prier, et lui en présente une. Mais la dame refuse de m'accompagner.

« J'ai soixante-dix-sept ans. Depuis longtemps, ma santé m'interdit l'alcool. Et pourtant, Dieu sait si j'aimais ça. »

Elle remarque mon hésitation.

« Mais allez-y. Ne vous gênez pas. Je voudrais vous prendre en photo, dès votre première gorgée. Comme ça, j'aurai un souvenir de vous. »

Debout devant l'entrée de ma tente, face à l'objectif pointé sur moi, je décapsule la canette et déguste le breuvage avec délice.

« Vous prendrez bien un thé ou un café... » lui dis-je, très mondaine. Me voici prête à prendre un *five o'clock* avec une vieille dame sud-africaine tombée du ciel. Elle décline encore l'invitation, sautant au volant de sa voiture pour y attraper une bouteille Thermos qu'elle brandit.

« J'emporte toujours du café dans mes balades. Gardez le vôtre. Vous en aurez besoin. »

Elle tourne la clef de contact et me lance : « Je ne peux pas m'attarder. Je vis seule : mon mari m'a quittée il y a plus de vingt ans. Les hommes, je ne les supporte pas à mon côté. Et mes enfants sont retournés dans leur pays natal, l'Afrique du Sud. Là-bas, au moins, ils ont trouvé un travail. Alors je suis très occupée. Salut ! Je reviendrai... je reviendrai, je vous le promets. »

Cette visite éclair a révolutionné mon garde-manger. C'est plusieurs repas du dimanche qui vont se succéder en quelques jours. Dommage que mes compagnons n'acceptent pas encore de les partager avec moi. Je leur ai déjà proposé des carottes et des pommes, mais cela n'a provoqué que des grimaces et des reniflements adressés au ciel.

Pas un souffle d'air de toute la journée. Sous une température accablante, les derniers chevaux venus s'abreuver s'éloignent dans la brume de chaleur, qui fait ondoyer leur silhouette.

En face de mon campement, sur un promontoire caillouteux, le vieux solitaire observe depuis ce matin les allées et venues de ses congénères. Il me tient souvent compagnie ainsi, des après-midi entiers, puis s'en va, silencieux, dans le soir rougeoyant.

Sa longue crinière emmêlée laisse deviner un œil placide, empreint de sagesse et de résignation. Après avoir vécu dans ce désert une bonne douzaine d'années, « Solitaire » sait que ses pieds, rongés par l'abrasion du sable, ne lui permettent plus de parcourir de grandes distances. Ici, il se contente de grignoter de vieux crottins, et attend le calme complet pour se décider à venir, d'un pas lent, plusieurs fois par jour, boire un peu d'eau.

La lumière faiblit doucement. Solitaire s'en est allé par le fond du vallon, vers l'arbre aux longues épines. Aucun cheval ne paraîtra plus aujourd'hui : la nuit réserve le point d'eau aux animaux sauvages originaires du Namib, gazelles, renards, oryx (les « antilopes du désert »), chacals ou prédateurs.

Les oryx, dont j'aperçois parfois la silhouette blanche, au loin, sur la crête d'une dune, ne s'approchent jamais. Celui qui vient d'apparaître, à moins de quatre cents mètres, a l'air plus téméraire : chaque fois que je me retourne pour l'observer, il est figé dans sa pose. Pourtant, la distance qui nous sépare est chaque fois plus courte ! Ses cornes droites, plantées sur le haut du front, doivent mesurer plus de un mètre, et il semble porter un masque : les taches blanches cerclées de larges traits noirs dessinent le contour des yeux, de la bouche, des oreilles.

Son jeu de cache-cache l'a amené à moins de dix mètres derrière mon dos. Tous deux immobiles, nous échangeons des regards de défi, en dissimulant nos peurs respectives : lui ignore de quoi est capable cette étrangère, qui s'est installée à côté de son point d'eau ; je suis impressionnée par cette masse de muscles, aussi puissante qu'un taureau de Camargue, et par l'agressivité de ses cornes, qui lui ont mérité une réputation de

« tueur de lion ». Vue de loin, jamais sa démarche, aussi légère que celle d'une gazelle en pleine course, ne m'aurait permis d'imaginer la lourdeur du corps.

A peine ai-je entrouvert les lèvres pour articuler un premier mot qu'il détale, faisant gicler le sable sous ses pieds. Là-haut, sur la dune qu'il escalade à toute vitesse, je découvre plus de dix paires de cornes pointées dans ma direction. Je dois leur laisser libre accès à l'abreuvoir, qui est sans doute l'unique raison de leur visite.

De retour sous l'abri, je commence par rallumer le feu. Il est indispensable à ma survie, mais est aussi une présence dans la maison. Souvent, le soir, je regarde ses flammes et ses braises rougeoyer dans l'obscurité. Elles me tiennent compagnie.

L'éclaireur a donné rendez-vous à tous ses amis au point d'eau. Ils sont plus d'une quarantaine à descendre des dunes. Dans la nuit sans lune, je ne distingue plus leurs mouvements, mais c'est une vraie fête qui bat son plein chez les oryx. Enivrés par l'espace, la course et... l'eau, ils dansent. Le silence est entrecoupé des bruits sourds de leurs pieds frappant le sol, et qui dessinent dans l'air les figures de leur chorégraphie nocturne. J'entends parfois une folle cavalcade d'une crête à l'autre. Puis plus rien. Certains se permettent même de frôler mon campement, sans oser marquer un temps d'arrêt. Tout cela, sans pousser un cri, comme si, devinant ma présence, ils veillaient à ne pas me déranger, ou se méfiaient de moi, ou voulaient me narguer.

Emportée par le sommeil, je n'assiste pas au finale de cette fête improvisée, à laquelle je ne suis pas conviée, mais dont je suis la seule spectatrice et, peut-être, sans le savoir, le vrai prétexte.

9

Le jour se lève, propre et franc, sans un souffle de vent. Tout en admirant la flamme qui monte droit, je déguste un café « à la terrasse », un vrai café filtre, sans sucre, comme toujours.

Mais, ce matin, le moral n'est pas au beau fixe.

Avec patience et organisation, je suis venue au bout de ce premier dénombrement. J'ai parfois cru que je n'arriverais pas à enchaîner les quatre cent soixante-douze pas qui me séparent de l'abreuvoir, tant la canicule était cruelle en plein midi, tant le vent était mordant au petit matin. Pourtant, j'ai parcouru ce chemin des centaines de fois, dans les deux sens, afin de rendre visite à chaque nouvel arrivant. Pas un cheval n'a échappé à mon fichier.

Aujourd'hui, j'en suis certaine : ils sont deux cent soixante-seize mâles, juments et poulains, organisés en quarante-neuf familles, et en groupes de mâles célibataires – ceux-là sont trop jeunes pour avoir gagné leur compagne, ou trop âgés pour avoir pu la conserver.

Malgré cette satisfaction, je connais aujourd'hui mon premier moment de lassitude depuis que je suis arrivée ici. Devant ce grand pays muet, les gestes des chevaux apparaissent différents à chaque heure, mais leur vie quotidienne, rythmée par la nécessité, laisse les jours se confondre. Pendant des heures, je suis restée près de l'abreuvoir, au milieu d'eux. Ils acceptent maintenant de partager leur point d'eau avec moi : je remplis mon seau, ils boivent, je m'agite un peu et ils relèvent tout juste la tête.

Mais ils repartent, sans autre forme de procès. Ce matin, il m'est difficile d'admettre que cette bande de sauvages avec laquelle je cohabite depuis bientôt un mois n'attend rien de moi, ni de personne.

Le désert ne ment pas, et les chevaux, comme lui, ont appris à côtoyer la réalité sans fard. Lorsqu'on séjourne seul dans le Namib, comme en tout autre lieu, l'ennui, la monotonie ou le découragement vous guettent. Ce sont les pires ennemis de l'être humain, mais ils ne vous attaquent que lorsque quelqu'un ou quelque chose vous fait défaut.

Dans le désert, rien ne manque plus qu'ailleurs. Rien n'est meilleur qu'ailleurs. On y trouve ce qu'on y apporte.

Ce n'est pas que le temps s'écoule en méditations : je médite aussi rarement que je lis des romans. Mais, à chaque instant, on peut être tiré hors de soi-même, perdre la paix intérieure. Il faut se battre pour prendre sa place et conserver sa liberté. Et le désert est inhospitalier. Les chevaux du désert doivent lutter pour vivre ? Ils ont su s'adapter sans rien attendre de personne. Tel est le prix de cette liberté.

Cependant, je refuse de céder à la désillusion. La vie archaïque a ses exigences, qui ne sont pas toujours les miennes. Il faut savoir composer. Il serait bon que je m'éloigne un peu du lieu du défilé, et que j'aille faire un tour. Peut-être trouverai-je un réconfort en marchant vers le sud-ouest...

Sans plus réfléchir, je jette dans mon petit sac à dos une gourde d'eau, quelques victuailles, et je quitte le campement. Je réponds, une fois de plus, à l'appel de l'Afrique, aux sortilèges de ce continent qui ne supporte pas l'immobilité, mais qui aime le rythme, la danse, le mouvement, l'errance, le nomadisme des cœurs et des esprits.

J'avais vingt-cinq ans lorsque j'ai entrepris mon premier voyage en Afrique. A cette époque, j'exerçais encore un « métier » – j'étais sonorisatrice. De représentation en représentation, j'avais sillonné l'Europe pendant de nombreux mois, sans prendre le temps de souffler. On venait de m'offrir de travailler pour les actualités télévisées, mais ce ne serait pas avant l'année suivante. Nous étions en février 1983. J'avais du temps devant moi. C'était le moment de partir.

Ma mère avait sympathisé avec un Malien, employé dans l'immeuble où habitaient mes parents. Comme la plupart des émigrés, cet homme, âgé d'une cinquantaine d'années, envoyait une bonne partie de sa paie à sa famille restée au pays. Cependant, depuis quelques mois, son chèque ne parvenait plus à destination, pour une raison qu'on ne pouvait élucider. C'est alors que j'eus l'idée d'aller moi-même porter cet argent. L'enjeu me tentait. J'allais enfin découvrir un petit coin d'Afrique.

Cette première fois, déjà, Vincent, mon ami sonorisateur, m'accompagnait dans mon voyage – je devrais plutôt dire dans mon odyssée. Sur une carte de géographie, le nord du Mali semble relié au reste du monde par un réseau de chemins, de parallèles et de méridiens. Dans la réalité, c'est un de ces pays difficiles d'accès et qui vous font passer de l'avion au taxi brousse, du bateau à aube naviguant sur le fleuve Niger aux pirogues de pêcheurs. Nous allâmes jusqu'à nous joindre à une caravane de Touareg pour traverser le sud du Sahara à dos de chameau et atteindre enfin cette famille de « cultivateurs du désert », en plein cœur du Sahel.

La route était si longue qu'on n'était pas pressés de la reprendre en sens inverse. Une chaleureuse hospitalité aidant, nous sommes restés près de deux mois dans ce village du bout du monde. J'ai participé à la plantation des graines de mil, au rythme de tam-tams qui encourageaient à piocher cette terre dure comme la pierre, sous un soleil d'enfer. J'ai fait la lessive avec les femmes qui, une fois par semaine, partaient en pirogue sur le fleuve Niger, avec le linge et trois paillettes de savon...

Avant le repas du soir, sur la terrasse de la maison de terre, je me faisais piétiner, comme les autres adultes, par les enfants qui, à l'aide de ce massage énergique, délassaient les muscles endoloris des travailleurs. C'était leur façon de se rendre utiles. Ils se chargeaient également, à l'occasion, de minuscules corvées, en rapport avec l'opulence des villageois et leur existence au « jour le jour » – l'achat d'une seule allumette ou d'une cuillerée d'huile. Mais le moins cher, ce n'était pas cette eau qui, en Europe, coule si limpide au robinet. En plein Sahel, une gorgée d'eau a une valeur inestimable, vitale. La nature se montre ainsi à l'état brut. Elle peut nous paraître cruelle, mais elle n'est qu'elle-même, indifférente, ne connaissant ni la valeur des cadeaux ni le sens des remerciements... Les leçons que donne l'Afrique sont innombrables. En rentrant en France, je savais qu'elle ne m'avait pas dit son dernier mot.

Aujourd'hui, mon « exploration » s'interrompt au bout de quatre kilomètres de marche : trois arbres énormes sont apparus dans mon champ de vision, au fond d'une rivière asséchée. Leurs feuilles minuscules sont vert clair. Il y avait longtemps que je n'avais plus vu de couleur. Ce sont des *camelthorns*, dont le bois est réputé pour sa robustesse.

Un battement d'ailes me fait sursauter. Une chouette blanche vient de prendre son envol, effrayée. Elle a construit sa maison dans le plus grand des arbres.

Les feuilles ciselées cachent des épines aussi longues que l'index ! Apparemment, les chevaux, les oryx, les springboks, et nombre d'autres animaux, connaissent l'endroit et viennent profiter de l'ombre : des poils de chevaux sont restés accrochés à l'écorce rugueuse, de petites crottes rondes, semblables à celles des gazelles springboks, jonchent le sable, près de brindilles déchiquetées; il y a même des nuées de mouches, en proie à une excitation insupportable, qui ne me laisseront aucun répit tant que je demeurerai sous cette ombre salutaire.

Il n'en fallait pas plus pour retomber sous le charme de ce désert où, quelques heures auparavant, je me sentais perdue.

Une chouette blanche qui s'envole, un caillou coloré qui m'attire... ces plaisirs de l'instant, qui créent le bonheur spontané des enfants, sont-ils si pénétrants qu'au-delà des années ils me touchent encore, et continuent de m'émerveiller?

10

Dans le désert, on est totalement dépourvu de ce confort moderne qui fait la fierté – et parfois l'obsession – de notre civilisation. Le seul luxe, c'est l'eau, amenée là par l'homme. Mais il n'en faut pas moins admirer cette ingéniosité de l'hydraulicien, qui est celle d'un véritable artiste.

En contrepartie de la rusticité, on retrouve la beauté des gestes archaïques – et leur petit côté exaspérant. Voilà bientôt une heure que la marmite en fonte est enfouie dans le sable, le couvercle surmonté d'un modeste foyer. Après de nombreux essais culinaires, j'ai découvert qu'elle pouvait également servir de four, pour cuire le pain au levain. Lorsque les braises refroidiront, ce sera fin prêt.

D'habitude, je me sers de cette marmite dans l'autre sens, sur ses trois pieds, au-dessus du feu. Grâce à l'épaisseur de ses parois, un feu de brindilles suffit à la cuisson des aliments. De plus, elle est surmontée d'un lourd couvercle, bien étanche au sable et à la poussière. Décidément sa réputation est bien fondée : cette marmite de tradition sud-africaine, achetée à Windhoek, a toutes les qualités.

La journée s'annonce calme. Je vais en profiter pour me lancer dans un grand ménage. Le désordre s'installe peu à peu dans mon « bureau », tout comme dans le reste de la maison... Moi qui ai toujours eu horreur du fouillis – toute petite, déjà, je me relevais pendant la sieste pour ranger mes chemisiers par ordre de couleur... –, je me sens prise en défaut. Pour laver ma conscience, je dois vider les malles, souffler le sable qui s'est logé dans chaque recoin, refermer soigneusement chaque paquet de farine, de lait, de sucre, déjà entamé...

Me voici près de l'abreuvoir, agenouillée sur le sable chaud, frottant le linge au-dessus de la bassine de plastique jaune sans trop m'attarder sur la blancheur des cols. Bien que je pose toujours le savon sur une pierre plate, il est devenu rugueux, incrusté de sable.

Face Blanche est seul au point d'eau. Ses yeux rehaussés de brun sur la blancheur de son chanfrein ne me quittent pas : la mobilité de ses paupières exprime sa malice et son audace. Il semble intrigué par mon activité, et lorsque la curiosité surpasse l'inquiétude, il ose s'avancer vers moi, les oreilles pointées.

Sans m'interrompre, je lui explique l'objet de mon agitation : « Tu vois, tu n'as pas de souci à te faire. Je lave mon linge. C'est tout. » Mais il veut examiner ma bassine de plus près. Ses lèvres ont à peine effleuré le liquide blanchâtre qu'il se redresse, planté sur ses quatre pieds écartés. Le nez levé vers le ciel, la lèvre supérieure retroussée sur les naseaux, il souffle fort, comme s'il riait, selon la mimique des mâles adultes flairant les odeurs laissées par les juments. Il vient de découvrir le parfum du savon, et il est déjà amoureux !

Voilà plus d'une semaine que ce poulain, de deux ans à peine, a quitté sa famille. Le dernier-né avait pris place auprès de sa mère, et refusant de se soumettre à l'autorité paternelle il ne lui restait plus qu'à prendre son indépendance. Il est maintenant livré à lui-même, seul, en attendant de s'associer à un groupe de célibataires et de préparer sa future vie de chef de famille.

A chacun de ses passages ici, il ne manque pas une occasion de jouer. Il a même creusé une piscine, avec l'aide de deux collaborateurs ! Pendant que Face Blanche donnait de grands coups de pied dans l'abreuvoir, tantôt avec l'antérieur droit, tantôt avec le gauche, faisant déborder l'eau de toutes parts, ses deux acolytes grattaient le sable humide. Les autres chevaux de passage, étonnés, ne manquaient pas de venir surveiller les travaux. Jugeant sans doute l'initiative intéressante, chacun apportait sa contribution à l'ouvrage. Plus les ouvriers étaient nombreux sur le chantier, plus le trou s'agrandissait, et plus le niveau d'eau montait. A la fin de la matinée, cette entreprise collective avait donné naissance à un véritable bassin.

Ingéniosité oblige, Face Blanche fut le premier à s'y tremper. Couché en travers de la flaque qui lui mouillait tout juste l'épaule, il se roulait, tantôt à droite, tantôt à gauche, se relevait, le poil couvert de sable, puis recommençait, sous l'œil jaloux de ses copains qui ne tardèrent pas à le déloger. Sous la chaleur suffocante de midi, c'était un vrai délice de les regarder se rafraîchir.

Pendant que le linge sèche sur le toit de la tente, j'entreprends de balayer ma maison : rien ne doit inciter les insectes du secteur à venir mettre leurs mandibules dans mes affaires. Le petit balai que j'ai fabriqué avec les tiges sèches d'un buisson d'euphorbe n'épargne pas la moindre miette de nourriture, sur un rayon de plusieurs mètres autour de mon campement.

Pourtant, il y a déjà plusieurs jours qu'une colonie de fourmis s'est installée près du foyer, à proximité de l'entrée. Je surveille souvent leurs allées et venues, mais jusqu'à aujourd'hui, elles ne transportent que des graines. J'observe aussi la rapidité avec laquelle elles se transmettent les informations, d'un frôlement d'antennes : je dois les expulser avant qu'elles ne découvrent mon garde-manger.

Dès le lever du jour, j'ai déposé un joli tas de miettes de pain devant leur domicile. Voilà un petit déjeuner au lit bien tentant ! Je vais les nourrir ainsi pendant plusieurs jours, puis j'éloignerai peu à peu le tas, pour qu'elles construisent une nouvelle maison à quelque distance d'ici et me laissent tranquille.

Les plus matinales sont sorties vers 9 heures. Aucune n'a daigné prêter attention à mon cadeau. Maintenant, c'est la colonne tout entière qui le contourne, sans daigner y toucher. Échec total !

Puisqu'elles refusent de déménager en douceur, il me faut recourir à des mesures d'expulsion plus draconiennes. Le pétrole de ma lampe devrait faire l'affaire. J'extrais quelques gouttes du récipient, je les instille dans la fourmilière par le trou d'entrée, je gratte une allumette, et les parois de l'habitation s'enflamment. Chez les fourmis, c'est le branle-bas de combat. Affolées, elles se précipitent au-dehors sur leurs milliers de pattes qui trottinent pour fuir l'incendie. Plus une fourmi en vue. L'ennemi a décampé.

Je bouche les orifices de leur maison calcinée avec du sable et je donne un grand coup de balai tout autour, sans éprouver aucun remords de mon acte : mes réserves alimentaires sont bien trop précieuses.

Mais, le soir même, les fourmis sont de retour. Elles creusent un nouveau trou, à quelques centimètres de leur ancien domicile en ruine. Découragée par leur entêtement, je n'ai plus qu'à leur proposer un pacte de non-agression et de respect mutuel : d'accord pour la cohabitation, mais au moindre assaut en direction de mon garde-manger, je vous déclarerai une guerre sans merci. On appelle cela « la paix en armes ».

Pour accomplir chacune de ces tâches ménagères, pour alléger ces corvées plus ou moins fastidieuses, la société industrielle a inventé des outils, des appareils, des poudres, des procédures. Toutes ces inventions géniales, on croit ne plus jamais pouvoir s'en passer, mais on apprend vite à compter sans elles. Et, dans le désert, les lave-linge, les lave-vaisselle, les fours à micro-ondes, les aspirateurs, les réfrigérateurs, les téléphones semblent sortis du rêve impossible et vain d'un excentrique, leur évocation paraît aussi comique que celle d'un parapluie ou d'une combinaison d'homme-grenouille.

Pourtant, lorsque j'utilise ces appareils électro-ménagers en ville, et lorsque, dans le désert, mes gestes reprennent leur cours ancestral, je suis la même. Il n'y aurait rien de commun entre la vie moderne et la vie rustique ? Voire. Les émotions essentielles de l'homme ne changent pas avec la technologie. Aussi perfectionnée soit-elle, il a faim, soif, chaud, froid, peur, sommeil, il a envie de parler et qu'on lui parle.

Mais qui irait imaginer que cette femme qui pile une gousse d'ail avec un caillou, au beau milieu du plus vieux désert de la planète, est la même qui, il n'y a pas si longtemps encore, mettait en œuvre chaque soir les ressources les plus sophistiquées de la technique ?

A vingt-deux ans, j'avais quitté la scène et abandonné ma carrière de pianiste, mais je n'avais pas pour autant dit adieu au monde du spectacle.

Mes connaissances musicales et l'expérience en électro-acoustique acquise en faculté, ajoutées à ma connivence avec Vincent, qui était déjà un sonorisateur réputé et m'aidait à perfectionner la technique, m'avaient naturellement conduite à m'occuper de la sonorisation de concerts. J'empruntais désormais l'« entrée des techniciens », ceux qui participent à la représentation au côté des artistes, tout en restant dans l'ombre ; ceux qui manipulent les artifices nécessaires à l'illusion théâtrale.

Je me vouais corps et âme au métier du son. Mon attirance pour le voyage l'emportait alors sur ma fascination pour les chevaux. De représentation en concert, ma vie se déroulait sur les routes, dans les villes et les villages. Mon camion, qui transportait le matériel, était devenu mon chez-moi, ma maison nomade.

Lorsque la compagnie théâtrale « L'Attroupement », qui montait un spectacle d'après *L'Énéide*, me proposa de rejoindre leur équipe, j'acceptai à nouveau de tenter l'aventure d'une création commune. On prévoyait six mois de répétitions, deux ans de tournée, plus de cent représentations à travers l'Europe.

Tous les théâtres où nous nous installâmes paraissaient fermés à la vie du dehors. Leur odeur de sueur, de maquillage, de bois et de velours poussiéreux n'avait rien d'exaltant. Mais, dans les haut-parleurs de la salle encore déserte, je pouvais déchaîner les tempêtes, les vagues de la mer, faire chanter les cigales, les grillons : aucun passant, à l'extérieur, n'aurait pu se douter que, dans le bâtiment qu'il longeait, s'étendait la Méditerranée, recréée dans l'espace sonore pour que s'y déroule la longue épopée d'Énée.

Lorsque s'éclairaient les guirlandes lumineuses qui décorent les miroirs des loges d'artistes, lorsque les costumes colorés remplaçaient jeans et tee-shirts, lorsque la couperose et les rides disparaissaient sous la poudre, la tension montait en moi. Le spectacle allait commencer. Je jetais un dernier coup d'œil, par la porte des coulisses, sur chacun des trente micros installés sur la scène. Quand tout me paraissait en ordre, je rejoignais ma place, derrière la console et les instruments de traitement du son, en plein centre des gradins : la place d'une spectatrice au milieu du public, ou celle d'une musicienne détachée de la scène ?

Le trac ne m'abandonnait pas avant que les musiciens aient joué leur premier accord, que les membranes des haut-parleurs aient commencé à vibrer, et que j'aie entendu la musique résonner dans le théâtre, dont l'acoustique était métamorphosée par la présence du public.

Pendant que les acteurs déroulaient l'épopée de *L'Énéide*, je me livrais à l'électronique, diffusais et transformais le son des musiques qui étaient jouées sur scène. Il me suffisait d'agir sur les potentiomètres pour que, en un clin d'œil, la contrebasse résonne avec l'écho des montagnes, le piano à queue se transforme en piano bastringue, ou que le rire d'un acteur enveloppe la salle.

Mais la vie de bohème elle-même peut devenir fermée à la vie du dehors. A force de fréquenter la grande famille du spectacle en tournée, de m'asseoir aux mêmes tables, de dormir dans les mêmes hôtels, de jouer dans les mêmes théâtres pour le même public d'habitués, j'en vins à éprouver une certaine lassitude. Le tournage de *L'Énéide* pour FR3 me donna l'occasion de rencontrer des réalisateurs de documentaires et des journalistes de l'information. C'était le moment de prendre la tangente, et de devenir ingénieur du son à la télévision.

Cette décision réjouit ma mère, que je voyais plus souvent depuis le décès de mon père. Pourtant, dans mon entourage, elle était la seule à penser que je ne ferais pas carrière à la télévision... C'est qu'elle me connaissait bien.

11

Des traces de pas ! De grandes semelles crantées ont imprimé leur marque sur le sable, autour de mon campement. On a même jeté un filtre de cigarette dans les cendres du foyer. Serait-ce quelque rôdeur ? J'ai passé la matinée dans la plaine, un baluchon sur le dos, à glaner des branches desséchées d'euphorbe, et je n'ai vu personne. Pour une fois que j'avais de la visite !

La tente est bien fermée, comme je l'ai laissée en partant : la toile de la porte, fermement clouée au sol par un tas de cailloux, n'a pas bougé. Personne n'est entré dans ma maison. Seul un carton a été glissé, discrètement, sous le rebord de la toile, un carton sur lequel est inscrit : « *Ministry of Wildlife and Nature Conservation* ».

Je l'ouvre et je suis, comme Ali Baba pénétrant dans la caverne, éblouie par la somptuosité du trésor. Bien sûr, pour tout autre que moi, il n'y a là qu'une liasse de vieux papiers jaunis, des chemises cornées, des coupures de journaux, des rapports, des photos... Mais ce sont les archives que j'attendais, les fameux dossiers conservés au fond d'un tiroir, dans le bureau du responsable de la Protection de la nature, à Lüderitz, le premier village du pays à avoir hissé les couleurs allemandes en 1884.

Ces empreintes ne sont pas celles des *rangers* que je connais. Le fonctionnaire se sera sans doute déplacé en personne pour me rendre visite. Il n'aura pas eu « la chance » de voir à quoi ressemble la blonde qui s'est installée sur le territoire dont il est responsable.

« Pas de précipitation, Jacqueline. » A l'heure où le soleil paralyse le désert, il me faut d'abord prendre une douche rapide à l'abreuvoir, préparer un thé et installer mon « bureau » à l'abri du vent. Ce rituel est destiné à mieux préparer le moment précieux qui va peut-être me permettre de découvrir, enfin, l'histoire de ces chevaux sauvages. Je veux en savourer chaque seconde.

Je dresse ensuite l'inventaire de mon coffre au trésor, dessinant, au fur et à mesure de mes trouvailles, la silhouette d'un homme hors du commun. Chaque document apporte une retouche au portrait.

Il y a d'abord cette courte notice en allemand. « *Hansheinrich von Wolf (1873–1916) war ein ehemaliger Schultruppenoffizier...* »

Le baron Hansheinrich von Wolf, ancien officier de l'armée allemande, homme très fortuné et passionné de chevaux, avait acquis la ferme de Duwisib et ses cinquante mille hectares de terre, aux confins du Namib, en 1907. Excentrique, entreprenant, goûtant le mélange des genres, le baron s'était fait une étrange idée de l'Afrique : ainsi construisit-il, au milieu du désert, un château fort de style néo-roman, avec donjon, meurtrières et mâchicoulis, qu'il meubla de lits à baldaquin et décora des portraits d'un célèbre écuyer allemand du XVIIIe siècle, Johann Elias Ridinger. L'édifice en pierre de sable rouge, dessiné par l'architecte Wilhelm Sander, se dresse, aujourd'hui encore, entouré d'âpres montagnes, de buissons verdoyants, de palmiers : sa cour abrite une oasis, des pelouses, des fontaines, comme dans les *Mille et Une Nuits*.

Au pied du bâtiment, en vérité plus typique des bords du Rhin que de l'Afrique occidentale, le baron créa un élevage de moutons mérinos, riche de huit cents têtes, et de chevaux. Ses premiers étalons et poulinières arrivèrent d'Afrique du Sud par train, et d'Allemagne par bateau.

Je connais la silhouette du baron. Je vais bientôt entendre sa voix, car je ne tarde pas à mettre la main sur une lettre de lui, adressée au Haras national de Nauchas, près de Windhoek, et traduite en anglais par un historien inconnu :

Duwisib, 25th september 1912.
Dear Baron König,
I am sending the following mares... Je vous remercie pour l'attention particulière que vous pourrez porter à Bon Soir, une poulinière de robe alezane, de père Bonito par Satanella, qui souffre d'un problème au pied, depuis quelque temps, « and needs special hoof care »...

Cette information expliquerait-elle la boiterie que j'ai relevée chez plus d'une vingtaine des chevaux sauvages, qui souffrent d'une déformation du sabot aux antérieurs ?

Je feuillette un album de photographies datées de 1912 :

« Queen of Duwisib, poulinière de race Hackney, cinq ans, de robe noire, importée d'Angleterre ; Juedin, de robe baie, croupe pommelée, race Hackney, huit ans, importée d'Irlande ; Queensland, de robe bai brun, origine australienne... »

Les photos sont en noir et blanc, mais, dans les descriptions signalétiques, la plupart des chevaux sont bais, et de nombreuses juments portent des taches blanches sur la croupe ! Ces caractéristiques de couleur, je les retrouve, aujourd'hui, chez les rescapés du Namib.

Ces seigneurs habitués à la vie de château seraient-ils les ancêtres des chevaux qui sillonnent à présent le désert et défilent sous mes yeux ?

Dans un article du journal *Aus dem alten Deutsch-Südwest*, datant de 1979, Hans Frölich, un neveu du baron von Wolf, décrit la vie au château de Duwisib, entre 1907 et 1912 : « Nous avions beaucoup de chevaux, à la ferme, dont des étalons de valeur que nous avions importés d'Allemagne... Lorsque je quittai Duwisib, en 1912, nous possédions trois cent cinquante chevaux... Une fois par an, nous recevions la visite d'un comité de l'armée (*Schutztruppe*) et de la police, qui venait sélectionner les chevaux dressés, pour la remonte de leurs troupes... Lorsque mon oncle fut rappelé en Allemagne, lors de la Première Guerre mondiale, je tentai de rester à la ferme, mais, sous le feu de l'armée sud-africaine, qui envahit le pays en 1913, je fus contraint de tout abandonner. Le château fut pillé, et Wolf mourut sur le front en 1916. Je n'ai jamais su ce qu'il était advenu de nos chevaux. »

Dans un autre article, non signé, découpé dans un magazine, je déchiffre avec difficulté : « En 1908, lors de la construction de la voie ferrée entre Lüderitz et l'Afrique du Sud, August Stauch, employé des chemins de fer, découvrit un cristal sur le sol, à quelques kilomètres de la petite colonie allemande de Lüderitz... La nouvelle se répandit comme une traînée de poudre, jusqu'en Europe... Les émigrants affluèrent par bateaux entiers. A pied, à cheval, ou à dos de chameau, ils se lancèrent dans le désert... Mais l'Allemagne ne pouvant tolérer plus longtemps de voir piller son " désert africain " le déclara *sperrgebiet*, c'est-à-dire zone interdite. Le forage de Garub, qui servait à alimenter en eau des locomotives à vapeur, fut alors protégé par les troupes de la cavalerie allemande... »

Assise sur le sable, sous l'œil confiant des chevaux qui s'abreuvent, je reconstitue cette histoire grâce à ces vieux papiers. Elle me permet de mieux comprendre les paroles du directeur du ministère que j'avais rencontré à Windhoek. Avant de m'annoncer que le désert était une zone interdite, il m'avait dit : « Après le départ des troupes allemandes, le chef de gare de Garub et sa famille demeurèrent les seules personnes autorisées sur la zone diamantifère. Ils partagèrent alors cette rude vie de solitaires avec leurs quelques chèvres et moutons, pour lesquels ils remplissaient en permanence l'abreuvoir. »

J'imagine les chevaux abandonnés par les

Au fil des jours,
les chevaux s'habituent
à la présence
d'une étrangère
dans leur désert.

Instant de grâce
pour ce poulain
abandonné
par sa mère.

Le Namib, un désert sans pardon.

Un quotidien très terre à terre : survivre.

Ils ont su s'adapter
sans rien attendre de personne.

Cohabitation paisible.

Avant de fonder une famille,
les jeunes mâles passent des années à vivre seuls.

Jour de fête en territoire nama, aux confins du Namib.

Le caméléon,
compagnon des sables.

Périples à la rencontre des cavaliers namibiens.

hommes, errant dans les dunes, cherchant seuls leur maigre pâture, résignés, mais décidés à survivre : ils savaient que l'eau ne leur manquerait pas au fond du vieil abreuvoir.

Le directeur avait continué : « Les exploitants du diamant, qui appartenaient au groupe De Beers, s'éloignèrent vers les nouveaux gisements qu'ils avaient découverts, plus au sud, et construisirent des villes en plein désert. Les vieux trains à vapeur cédèrent la place aux locomotives Diesel, qui, dès lors, ignorèrent la gare de Garub. Aussitôt, notre ministère décida de protéger cette partie du Namib, et la déclara " réserve naturelle protégée ". Comme les installations de pompage appartenaient à la société des chemins de fer, nous fûmes obligés de creuser un nouveau forage, et d'installer un abreuvoir neuf, pour tous les animaux du désert. Aujourd'hui... »

Aujourd'hui, les chevaux sauvages ont trouvé un témoin, que leur force de survie fascine. Oubliés de tous, en plein cœur d'un désert interdit, ils ont su s'adapter à des conditions extrêmes.

Il me faudra des heures pour déchiffrer tous les secrets de ces archives. Pendant plusieurs jours, mes conversations avec les chevaux seront entrecoupées de ces moments de lecture où, comme dans l'architecture du château des sables, je mêlerai les époques et les lieux.

12

Le *ranger* venu prendre de mes nouvelles au cours de sa ronde de surveillance n'a pas eu le temps de se raviser. A peine m'avait-il dit oui que je fourrais une gourde et une veste de montagne dans mon sac, que je fermais ma maison et bondissais sur le plateau arrière de la Jeep. Cap plein nord, vers les grandes dunes.

Pendant des semaines, mon campement, les cailloux que j'ai entassés pour qu'ils ne m'écorchent plus, l'abreuvoir autour duquel les Trois Huit traînent nonchalamment, avaient pris pour moi les proportions d'un univers. D'un seul coup, ils rapetissent, selon cette bienfaisante loi de la relativité, pour paraître maintenant aussi minuscules qu'un jardinet de banlieue. Mon regard s'était habitué à l'horizon, et l'habitude dévalorise tout, même l'horizon.

Sous mes yeux libérés, la plaine désertique défile à grande vitesse : mon chapeau a roulé entre les réservoirs de secours, la voiture rebondit de bosse en bosse, retombe lourdement dans les creux, mais je reste debout, les doigts crispés sur la ridelle, sous le regard inquiet des *rangers* affalés sur leur tapis de mousse. Je ne veux pas gaspiller une seule seconde de cette échappée fantastique.

Telle la figure de proue d'un navire qui fend les flots, je reçois l'océan de plein fouet : il se rue à ma rencontre, furieux, par vagues successives. Le ciel et la plaine ne font plus qu'un. Les montagnes rocheuses sont presque à portée de main. Et voici des oryx qui détalent en tous sens, effrayés par ce monstre d'acier emballé qui fond sur le vallon paisible où ils mâchouillaient des touffes d'herbe desséchée.

Wilfred a levé le pied de l'accélérateur et se dirige vers un énorme rocher jaune, fait d'un seul bloc posé sur le sable, comme détaché de la montagne – et quelle montagne! on dirait plutôt un immense tas de cailloux qu'aurait déversé là un camion benne géant.

Les *rangers* sont déjà accroupis, à discuter des empreintes qu'ils ont découvertes dans le sable. J'entends autant de claquements de langue que de syllabes : sans rien comprendre à la langue bushman, je devine que cela fait longtemps qu'ils n'ont pas vu de pareilles traces.

Plus loin, à l'abri d'un rocher en surplomb, un animal a creusé sa maison. Il a laissé sur le sable de vieilles douilles aplaties, comme broyées par des mâchoires puissantes, et des crottes blanches bourrées de poils.

« C'est la hyène brune qui est passée par là, affirme Wilfred. Il est rare qu'elle s'aventure dans le coin. La sécheresse qui sévit cette année l'aura poussée dans la plaine. Elle a dû passer la nuit à tourner par ici, et, à défaut de viande fraîche, s'est contentée des os éparpillés qu'elle a trouvés. »

Il examine les douilles et reconnaît les munitions des fusils allemands du début du siècle.

« Dans le village, on raconte que deux prisonniers allemands se seraient évadés du camp d'Aus, et qu'ils auraient survécu pendant deux ans et demi dans les parages. C'est un fermier sud-africain qui les aurait vus, un jour, rôder autour de chez lui. Ce n'est pas la première fois que je trouve des douilles semblables. Les gars ont sans doute survécu grâce aux munitions et à l'eau du camp militaire déserté, près de l'ancienne gare de Garub. »

Dans l'immensité uniforme, la piste caillouteuse que nous suivons est difficile à distinguer. Tous les reliefs sont écrasés par la lumière. Le soleil est au zénith, les cailloux ne peuvent même pas projeter leur ombre sur le sol. La voiture patine dans le sable profond, traverse des lits de rivières asséchées, se faufile dans le creux d'un ravin, fonce à travers les plaines, puis s'arrête ; les *rangers* examinent un buisson piétiné, la carcasse d'une bête ; et l'on repart.

Le vent cingle mon visage, une chaleur torride m'enveloppe, mais je ne sens rien. Le temps ne compte plus. Je suis en visite chez les animaux du désert.

Le mouvement est synonyme de liberté – et, quand la vitesse s'y ajoute, de griserie. J'ai toujours éprouvé ce plaisir de rouler, de marcher, de voguer, de voler, qui est le plaisir du déplacement, et, en définitive, le vrai plaisir de vivre. Lorsque j'avais dix ans, déjà, le trajet en voiture jusqu'en Espagne, pour les grandes vacances, était pour moi un moment privilégié. Les kilomètres que nous parcourions n'avaient rien de monotone, car ils me permettaient de découvrir des mondes différents du mien : les paysages qui défilaient derrière les vitres, le restaurant dans lequel je goûtais de nouvelles saveurs, les rires des enfants inconnus, l'inquiétude devant la marchande de morue et sa statue de sainte Thérèse...

Bien plus tard, je crois m'être orientée dans « la vie professionnelle » comme font les randonneurs avec leur boussole : je n'empruntais pas les chemins les plus fréquentés, ni les plus courts, mais ceux qui m'entraînaient dans la direction que j'avais choisie, fût-ce au prix de nombreux détours.

Lorsque j'abandonnai le métier de sonorisatrice pour celui de chef opérateur du son, je découvris la vie de reporter, et m'éloignai de celle des gens du spectacle. Je choisissais alors de travailler en indépendante, tantôt pour une chaîne de télévision, tantôt pour une société de production. Je retrouvais ma passion d'enfant, « pour de vrai », celle qui, chaque soir, dans l'obscurité du couloir, me poussait à faire demi-tour sur la pointe des pieds (plutôt que d'aller me coucher sagement) pour regarder le journal télévisé du haut de l'escalier.

De films documentaires en reportages d'actualité, en Europe et dans les pays d'outre-mer, je poursuivais ainsi ma vie nomade, mais voyageais en avion plutôt qu'en camion, et logeais dans les hôtels confortables plus souvent que dans les chambres modestes.

« Tu es tombée bien bas. Ce n'est pas dans les studios de télé que tu trouveras l'art et la musique », me rappelaient les amis qui regrettaient de me voir quitter le monde des « artistes ». Il est vrai que le métier de preneuse de son pour les informations télévisées n'est pas très romantique. Il suffit de se tenir à côté du cadreur et de tendre à bout de bras une perche munie d'un micro, de vérifier les niveaux d'enregistrement sur les vumètres, et de transporter le matériel en toutes circonstances.

Lors des tournages de courts métrages, les impératifs étant moins pressants, j'aimais m'appliquer à la qualité des enregistrements : choisir le type et la qualité d'un micro, attendre le silence pour tourner, prendre le soin d'isoler la voix d'un interviewé, profiter d'une accalmie de vent pour enregistrer, et partir seule, des journées entières, à la recherche des sons qui viendraient illustrer les images.

Grâce aux micros H.F. (sans fils), je pouvais capter toutes sortes de sons intimes et lointains, en plein cœur de l'action. Une fois fixées sur les personnages complices, êtres humains ou animaux, les petites cellules microphoniques me transmettaient par les ondes radio des sons jamais entendus... comme le battement du cœur d'un pilote au cours d'une compétition automobile, ou la respiration d'un cheval en plein galop dans un pré, au milieu de son troupeau. Enfin, pendant des jours et des nuits passés dans un studio d'enregistrement, je me régalais à trier ces sons, à les synchroniser avec les images, puis à les mixer, afin de recréer la tension nerveuse du pilote ou le galop rythmé des chevaux libres.

Hélas, cet artisanat étant fort coûteux, il est de plus en plus courant que les monteurs de documentaires collent sur les images des musiques d'ambiance mille fois ressassées ou des sons piochés au hasard dans les disques d'effets sonores « au kilomètre », dont les sonothèques des sociétés de production sont très riches...

Quel que fût le sujet à tourner, j'étais partante : prendre un avion avec un chercheur scientifique pour traiter de la pollution en Méditerranée, accéder en hélicoptère au sommet d'un glacier pour rendre compte du travail des chiens d'avalanche, accompagner le ministre de la Défense en visite sur le site militaire du plateau d'Albion, ou sillonner la forêt avec les biologistes de l'île de la Réunion... Les lieux m'importaient peu, car ces tournages me donnaient l'occasion d'assister en direct aux événements et de voir, de mes propres yeux, leurs vraies couleurs.

Pendant sept ans, j'ai voyagé avec des équipes toujours différentes, j'ai appris à mettre en veilleuse mes sentiments personnels et mes regards curieux. On ne me demandait pas mon opinion sur l'actualité, on ne me demandait pas d'approuver ou de désapprouver la façon dont le journaliste ou le réalisateur traitait le sujet, mais simplement de m'acquitter d'une tâche déterminée. A chaque contrat, seules mes oreilles de musicienne et ma connaissance des techniques de sonorisation étaient sollicitées. Les minutes étaient souvent comptées : lancés à toute vitesse sur les routes du monde, pour traquer l'instant fugitif, nous n'avions pas le temps de nous arrêter avant d'avoir atteint le but. Au passage, nous pouvions à peine dérober quelques images du paysage, dont il fallait se contenter au retour – « pour le rêve et l'exotisme ».

Mais lorsque je quittais la route, entre deux tournages, je prenais le temps de voyager à mon rythme. Grâce à ce travail, mon compte en banque était florissant, et je pouvais enfin donner libre cours à ma curiosité pour la façon dont la vie se débrouille pour prospérer sur cette planète, et, en particulier, pour la manière dont les chevaux s'en tirent... J'allais à leur rencontre, à travers l'Europe, l'Afrique et l'Asie, je rendais visite aux peuples cavaliers et rapportais mes premiers reportages.

« Tout au fond, à plus de vingt kilomètres d'ici, vous voyez les grandes dunes, s'écrie soudain Wilfred en ralentissant. Elles sont impénétrables. Seuls les oryx et les autruches peuvent les traverser. Le territoire des chevaux s'arrête là. A la saison des pluies, la plaine se couvre d'herbe, on dirait une vraie pelouse. Vous verrez, dans quelques mois, si vous êtes encore ici. »

Dans un brouillard de poussière, au loin, je distingue plusieurs familles de chevaux, éparpillés, la tête basse, mais ne peux les reconnaître.

La piste est devenue sableuse, et des touffes d'herbe en forme de boule parsèment le sol.

« On va retourner vers votre camp par l'autre

côté des montagnes. Regardez bien au fond des vallées, la même herbe a pris racine partout ; mais, en ce moment, c'est vraiment sec. Il n'y a plus grand-chose. »

La montagne que nous contournons par le nord témoigne d'une lutte acharnée contre le sable. La dune dévore peu à peu la roche. La face exposée au vent est déjà engloutie sous le sable, jusqu'à son sommet, à cinq cents ou six cents mètres de haut. Nous nous arrêtons de nouveau, près de rochers qui affleurent à la surface du sol. A contre-jour, ils brillent comme du métal poli.

Je descends sur la roche en pente, jusqu'au bord d'une cuvette parfaitement ronde, et vide, comme si on l'avait balayée avec soin. Au-delà, j'en vois une autre, puis une autre encore, moins profonde, et ovale. « Il suffit d'une petite averse pour que l'eau de pluie ruisselle sur la pierre et remplisse tous ces trous. Elle s'évapore au bout de quelques jours, mais, pendant ce temps-là, tous les animaux viennent s'y désaltérer. »

Pendant que j'enfile mon blouson, pour me protéger du froid qui tombe, Wilfred déclare qu'il est temps de rentrer. « La nuit, il est difficile de retrouver les pistes. Mais nous sommes à moins de quinze kilomètres de votre camp. »

A la lueur du feu, je tente maintenant de tracer au crayon, sur mon carnet, l'itinéraire que nous avons suivi, les points de repère, les zones de végétation. Si, plus tard, je mets la main sur des cartes détaillées de cette partie du désert, il me sera peut-être possible d'y reporter mes notes. Quoi qu'il en soit, cette petite promenade a eu le mérite de m'éclairer sur les distances que les chevaux doivent parcourir, chaque jour, pour trouver à manger. Mon admiration pour leurs ressources physiques était déjà très haute. Elle n'en est que plus grande aujourd'hui. Nous avons roulé pendant près de six heures sans même atteindre les limites du territoire pâturé par les chevaux!

13

On a beau connaître les chevaux, savoir de quoi ils sont capables, chaque démonstration de leur endurance est une surprise pour ceux qui les aiment. Plusieurs fois il m'a été donné de le constater, et j'ai toujours été époustouflée de cette découverte. Plus généralement, c'est leur conduite quotidienne qui est un motif d'émerveillement. Mais on ne peut l'observer vraiment qu'en vivant, en voyageant avec eux, en partageant les longues marches et les couchers de soleil, en dormant sous les mêmes étoiles. Plus les conditions sont rudes, mieux leur âme se dévoile. Ils réagissent à leur milieu avec une telle force qu'on dirait que c'est lui qui s'adapte à eux. Car ce sont des seigneurs.

Je me souviens d'un soir de février 1985, au bivouac, dans cette région magique des montagnes du Sud marocain, à l'ouest de la vallée du Draa. Au terme d'une étape harassante, j'avais longuement massé le dos de Tisslimt, fatigué par la selle alourdie du paquetage. Ce jeune mâle avait un caractère joueur. A peine avions-nous terminé la séance qu'il se précipitait sur Chibaou, son aîné, pour simuler des bagarres épiques. Celui-ci, stoïque, accueillait cette excitation de gamin avec indulgence et sérénité.

Après le jeu sonnait l'heure du dîner. Sans attache, ils dévoraient leur ration de grain avec un bel appétit, comme chaque soir depuis plusieurs semaines que nous faisions route ensemble. Ils transportaient eux-mêmes leur nourriture, dans des sacs en toile de jute cousus par un artisan de Ouarzazate : c'est dire si elle était précieuse. Ils ne pouvaient se permettre de la gaspiller. Aussi, chaque cheval avait son tas soigneusement posé sur un tapis de selle, à même le sable, comme dans une assiette.

Pour nous abriter du vent de la nuit, Bruno, mon compagnon de voyage, retapait un muret de pierre laissé à l'abandon par des Berbères. La température nocturne était glaciale. Si nous avions choisi d'effectuer le repérage des pistes du Djebel Sahrro en cette saison, c'est que la fonte des neiges garantissait la présence d'eau au fond des oueds.

Les six cents kilomètres que nous avions parcourus depuis Marrakech avaient bouleversé les habitudes de nos montures. Nos deux « arabes-barbes » y exerçaient la respectable profession de chevaux de fantasia pour touristes. Nous leur avions proposé de sortir de leur routine et, dès notre premier galop, ils avaient compris que les traditions de la fantasia n'étaient pas celles du voyage : la piste ne mesurait plus cent mètres, mais plusieurs kilomètres, les acclamations des admirateurs étaient les hurlements effrayants des chacals, et les cavaliers ne leur parlaient plus le même langage.

Pendant les premiers jours, ces changements, ajoutés à la solitude qui règne dans les montagnes, aux confins du Sahara, les avaient rendus un peu nerveux. Mais très vite ils avaient retrouvé confiance, et ne nous quittaient plus d'une semelle. Nous représentions leurs seuls repères dans cette inquiétante découverte de l'inconnu.

Comment étais-je arrivée là ? Quelques mois plus tôt encore, l'idée de ce voyage m'aurait semblé pure folie. Mais les événements s'étaient précipités.

Lorsque j'étais entrée, seule, un soir, dans la bruyante salle de restaurant d'une auberge de Provence nichée au pied d'immenses falaises silencieuses, les premières paroles qui avaient frappé mes oreilles avaient un son d'éternité qui me désola. La conversation rassemblait des randonneurs à cheval en un consentement facile, au-delà duquel il semblait interdit à quiconque de se découvrir.

« Vous n'avez jamais fait le Ventoux ? Moi, je l'ai fait trois fois...

– Mes enfants n'aiment que la purée...

– Les chevaux blancs, ça n'existe pas. En fait, ce sont des chevaux gris... »

En prenant place à leur table, je conservais l'illusion que ces gens étaient des étrangers, bien éloignés de mes préoccupations, et je me demandais si je devais, moi aussi, comme un ethnologue en visite à la tribu, adopter leur langage et prononcer d'aimables et souriantes banalités. Il ne fut pas question de me soustraire plus longtemps à ces hommes et à ces femmes, pas plus qu'il ne m'était possible de humer l'air sans le respirer.

Pendant que les bouteilles de vin faisaient d'autorité le tour des verres, je me laissais emporter par les gestes et les regards, qui prirent soudain des allures de confidence. Les paroles fières et les manières grossières qui, autour de la table, éveillaient autant de sympathie que de répulsion se compensaient au sein d'une passion commune, la seule raison de ce rassemblement : le cheval était le maître de la situation.

Et si je proposais à ces cavaliers de voyager vraiment ? Si je leur parlais d'autres chevaux, de contrées nouvelles ? Bruno rêvait de voyager à cheval. Depuis plusieurs années, il organisait des promenades dans le Luberon, en Provence, avec six chevaux qui vivaient toute l'année en liberté, au fond des vallons herbeux, près de l'auberge. Le Haut Atlas marocain fut la première région qu'il évoqua. Il assurait que les cavaliers randonneurs, dont il connaissait bien les goûts, participeraient volontiers à des voyages à cheval organisés dans ce pays. Comme je disposais des moyens financiers nécessaires à la préparation des premiers itinéraires, nous n'avions pas réfléchi davantage, et nous étions partis.

Quelques mois plus tard, nous traversions l'Espagne, repérions le Sud marocain en voiture, et décidions d'y passer l'hiver à cheval.

Dans le dernier hameau de la vallée du Draa où nous nous étions arrêtés la nuit précédente, les chevaux avaient reçu tous les honneurs : on les avait presque portés en triomphe. Les gens étaient sortis en foule de leurs maisons. Ils n'avaient pas entendu le sabot d'un cheval résonner dans leurs ruelles depuis plus de cinquante ans. Les ânes et les mules, plus économiques à entretenir, avaient remplacé ces nobles montures, et restaient l'unique moyen de transport capable d'atteindre ce village éloigné de toute piste carrossable.

L'arrivée des chevaux réveilla plus d'un souvenir chez les anciens qui vinrent leur rendre visite. Ils nous racontèrent par exemple, avec force détails, les razzias des cavaliers militaires français qui, en 1933 et 1934, accompagnaient la répression exercée sur les Berbères de la région.

Nos montures furent logées, comme nous, « chez l'habitant » – non pas dans quelque écurie, mais dans la minuscule cour intérieure d'une maison de terre. Femmes, hommes et enfants leur offrirent de l'eau, des feuilles fraîches, des grains d'orge... de quoi nourrir une famille pendant plus d'une semaine. La fête ne sait pas compter. Et ce soir-là était un vrai soir de fête. Si les ânes avaient assisté au festin, ils en auraient été malades de jalousie !

Quand les chevaux furent repus, les visiteurs se retirèrent. Le maître de céans verrouilla la porte de la cour à double tour, comme pour mettre un trésor à l'abri des convoitises, et, toute la soirée, il conserva la clef serrée au creux de son poing. Il se serait fait tuer plutôt que d'entrouvrir les doigts. Enfin, on nous invita, nous aussi, à un dîner de gala.

Tapis colorés et plateaux de cuivre avaient été

disposés dans une pièce donnant sur la terrasse supérieure. Des jeunes femmes apportèrent des bols de lait frais, le couscous d'une famille voisine ou le tajine de l'instituteur. Chacun à son tour, les voisins invités par nos hôtes vinrent s'asseoir à côté de nous pour discuter un moment. Les enfants écoutaient et riaient, pendant que les verres de thé se succédaient. Entre voyageurs et sédentaires curieux, les conversations ne tarissent jamais. Peu importaient les différences de langues et de cultures : nous n'appartenions plus qu'à une seule nation, à une seule civilisation : celle des hommes et des chevaux.

Tôt le lendemain matin, les femmes m'emmenèrent visiter leurs jardins extraordinaires, sillonnés par de petits canaux. Les enfants me conduisirent ensuite à l'école. Là, devant la classe unique, je fus appelée au tableau noir par l'instituteur, comme autrefois, mais pour parler de mon voyage. Ce fut la plus belle heure de classe de ma vie. Puis les jeunes filles, qui s'étaient mis en tête de nous préparer des pains pour la route, m'emmenèrent au fourneau... aucune n'avait l'air de vouloir me laisser repartir. Pourtant, les repas frugaux de fruits secs et d'olives, le silence des pistes de montagne devaient succéder à ces réjouissances. Malgré la chaleur de cet accueil sans retenue qui n'avait pas une fois exprimé l'envie propre au caractère des Marocains des villes et des villages touristiques, il nous fallait poursuivre notre route.

Ainsi, entre la vallée du Draa et la rivière Dadès, à travers les montagnes austères et poignantes du Djebel Sahrro, de villages de terre en campements isolés près de trous d'eau... ces trois mois de voyage avaient suffi à préparer deux circuits de neuf jours, sur lesquels nous pourrions bientôt guider les cavaliers européens. Quelques familles, avec lesquelles je m'étais entendue, nous hébergeraient, moyennant rémunération; des muletiers transporteraient les bagages et la nourriture pour les bivouacs. Il ne restait plus qu'à rentrer en France et à faire connaître ce voyage.

Dès notre retour, Bruno et moi avons créé l'association « Cheval nomade ». Entre deux repérages de circuits, dans les Pyrénées, les Cévennes, la Camargue ou le Vercors, je posais mon sac dans une petite cabane sous les chênes verts, sans électricité ni eau courante, mais avec téléphone et répondeur sur batteries, au beau milieu du parc de trente hectares sur lequel les chevaux vivaient en liberté. Barbes-arabes, andalous ou anglo-arabes, ils furent bientôt une douzaine à mener la vie montagnarde et à retrouver l'équilibre du troupeau.

Pendant près de trois ans je me consacrai à l'organisation de voyages. Grâce à la publicité, aux petites annonces dans les magazines spécialisés, puis au bouche à oreille, Cheval nomade fut bientôt connu des cavaliers français, suisses, italiens et allemands. Aux randonnées françaises succédèrent les voyages en Afrique du Nord. La première randonnée que nous organisâmes au Maroc, l'hiver suivant, fut un succès. Il fut décidé que Bruno guiderait la plupart des circuits en France, tandis que je me spécialiserais dans ceux du Maroc. Après avoir sillonné les pistes du Djebel Sahrro, je rendais visite aux professionnels des élevages et des clubs hippiques, et je décidais d'associer nos futures randonnées à celles d'un couple de cavaliers marocains qui se lançait dans la profession. Les circuits se diversifièrent : ainsi proposions-nous désormais aux randonneurs de Cheval nomade d'escalader le Haut Atlas, de longer la côte atlantique ou de traverser le Moyen Atlas.

Je voyageais ainsi avec ma selle, mon matériel photo, mes carnets et stylos, et rapportais de nouveaux reportages. En France, la rédactrice en chef d'un magazine qui venait de se créer et qui était consacré aux chevaux me confia, pour deux ans, sa rubrique « Évasion ». Désormais, mes prestations d'ingénieur du son ne me fournissaient plus que des revenus d'appoint. Je m'étais décidée à tout miser sur les chevaux.

14

L'ombre des dunes s'étire encore sous la brise. Mon sac est bouclé. C'est l'heure.

Dans la pureté de ses lignes courbes et lisses, derrière la rudesse de ses roches, sous l'éblouissement des lumières qui diluent les couleurs, le désert invite à la découverte. Il faut cheminer en son sein pour comprendre qu'il est vivant. Mais sa vie ne s'entend pas; elle s'écoute. Elle ne se voit pas; elle se regarde. Il faut tendre l'oreille, écarquiller les yeux, imaginer, et l'on perçoit, de loin en loin, comme un écho fossilisé qui remonterait de la nuit des temps, comme un écho fantôme qui passerait, mirage entre les mirages.

Voici venu le moment d'aller visiter les ruines du camp militaire allemand. L'envie me tenaillait depuis quelque temps. Aujourd'hui, je ne résiste plus, et je pars à pied pour ma première excursion depuis des jours. J'ai fourré dans mon sac la tente-igloo, les pains et les aliments cuits la veille, une petite trousse de pharmacie, mon matériel photo, quatre litres d'eau...

Wilfred m'avait indiqué l'ancienne station ferroviaire de Garub, à moins de huit kilomètres dans la direction du sud-ouest. Ce n'est plus qu'une oasis délabrée, flanquée d'une vieille pompe qui servait naguère à puiser l'eau et qui est toujours en état de fonctionner – elle reste d'ailleurs le seul recours en cas de panne des nouveaux aménagements. C'est là que je vais m'installer pour quelques jours.

En fin de matinée, j'enjambe enfin les rails d'acier qui affleurent au milieu du sable. Je n'ai plus qu'à les suivre pour arriver à destination. Tantôt, à pas de géant, je m'amuse à sauter de traverse en traverse ; tantôt, tel un funambule sur son fil, je franchis un défilé de dunes en glissant sur les rails suspendus dans le vide.

J'aperçois déjà la petite oasis, au loin. Autrefois, des wagonnets remplis d'eau circulaient sur ces rails. Ils allaient rejoindre la voie ferrée principale, à cinq kilomètres, où les grosses locomotives à vapeur attendaient qu'on les abreuve pour reprendre leur route. Tout au long de cette voie désaffectée, le sable a étanché beaucoup de sang, celui des hommes – des Namas, pour la plupart – écrasés sous le poids des chariots qu'ils poussaient...

Ce sont les lièvres du désert qui ont été étonnés ! Depuis le temps qu'ils voyaient le vieil abreuvoir abandonné, fissuré, déchiré de lézardes, et la haute citerne de pierre prête à crouler sous son propre poids, ils avaient fini par croire la race des hommes éteinte. Mon arrivée n'est pas passée inaperçue. En un clin d'œil, ils ont détalé pour se réfugier dans les terriers qu'ils ont creusés sous les racines des palmiers. J'espère bien qu'ils reviendront !

Un couple de chevaux s'est réfugié sous le couvert d'un acacia en fleur... Je reconnais Les Sages. La jument est grosse. Son poulain devrait naître avant la fin du mois. Les yeux mi-clos, la tête basse, ils se reposent. Peut-être se souviennent-ils du temps où les gardiens du forage remplissaient leur abreuvoir ? Sans vouloir les déranger, je pose mon sac et m'approche doucement, en leur parlant, afin qu'ils reconnaissent ma voix. Mais je comprends trop tard que ma présence, inhabituelle dans ce décor, les inquiète. Je n'ai pas le temps de rebrousser chemin qu'ils quittent l'ombre et reprennent leur route, à pas lents, en direction du point d'eau.

Un vallon prend naissance à la lisière de l'oasis, avant de serpenter entre les dunes. La roche friable de ses coteaux, creusée de petites grottes, semble offrir un abri sûr contre le vent. C'est là que je décide de passer ma première nuit. Tant bien que mal, la petite tente-igloo, collée au rocher et solidement amarrée avec des pierres, a l'air de résister aux rafales. Devant l'entrée, j'ai rassemblé quelques branches mortes, en prévision de la flambée qui me tiendra compagnie ce soir. Je suis tranquille, mes affaires sont en sécurité, je peux m'aventurer dans le vallon.

Soudain, des alignements de pierres levées déchirent le sable lissé par le vent. Elles sont tachetées de chaux... Il me semble distinguer les délimitations de la place centrale du camp militaire... J'imagine même l'emplacement du drapeau, dont la hampe devait être fichée là, dans ce triangle dessiné au sol. Pour confirmer mon intuition, j'escalade le monticule en pierre de sable qui domine la croisée des vallons. Mais ce n'est pas un monticule, c'est un immense plateau creusé de gorges profondes, au fond desquelles les soldats avaient établi leur campement.

Intriguée par des fragments de poutre enfoncés dans la roche, je m'approche du ravin et tombe en arrêt devant de vieux clous rouillés, puis découvre, à même le sol, d'innombrables morceaux de fer à cheval coupés à l'aide de tricoises. C'est donc ici que travaillait le maréchal-ferrant...

Là-bas, au fond du vallon, les pierres blanchies dessinent des rectangles parfaitement alignés, le long de larges avenues convergeant vers la place centrale. En continuant mon chemin sur le plateau, j'accède au sommet qui domine tout le territoire de Garub : je peux voir la vieille gare et la voie ferrée, ses énormes citernes métalliques, les pistes tracées par la Jeep de Wilfred, l'oasis, et, dans le lointain, le volcan Dick Willem. A cette heure, la chaleur fait vibrer la lumière, et il m'est impossible de discerner mon campement, mais je devine le point sombre qui le représente.

Devant moi, de grosses pierres sont rangées en cercle. Je compte douze emplacements. C'est sans doute ici, en plein vent, que les soldats avaient dressé leurs tentes, alors qu'en bas, à l'abri, était le quartier des officiers. A mi-pente, sur le sable, des piquets armés de fil de fer barbelé délimitent un rectangle. Je m'approche et reconnais trois tombes, deux grandes et une petite, mais les croix de bois, couchées sur le sol, ont perdu la mémoire des noms.

J'inspecte ensuite l'oasis, tire un peu d'eau et m'en retourne près de la tente. Le soir qui descend, la lumière qui diminue, tout se met en harmonie avec le vague sentiment de tristesse qui règne ici. On a l'impression d'être prisonnier d'un immense sablier, que le vent retourne selon ses caprices. On ne peut se raccrocher à rien. Tout coule, tout fuit. Le temps s'en va sans laisser de marque durable. Dans un désert vieux de plus de quatre-vingts millions d'années, dont certaines dunes sont fossilisées depuis l'ère tertiaire, un siècle d'histoire contemporaine compte pour une journée. La seule réalité du temps est minérale. La notion d'événement est liée aux perceptions humaines. Elle implique un avant et un après. Le désert est indifférent à ces subtilités. Et puisqu'il se moque du souvenir de ceux qui l'ont habité, ce soir, je transformerai Garub en « vallon des lumières ».

Près de l'ancien abreuvoir, les dizaines d'immenses palmes sèches qui tapissent le sol font mon bonheur. Je les traîne une à une, sur plusieurs centaines de mètres, jusqu'à mon abri, je les dispose dans les rochers, autour de la croisée des vallons. La nuit tombe. Je frotte une allumette. Le feu d'artifice commence dans mon théâtre de falaises. La flambée est majestueuse. Les flammèches incandescentes tournoient dans les couloirs de vent. Les sculptures en pierre de sable prennent vie, leurs ombres se détachent avec vivacité sur le décor de craies ocre et blanches. On dirait même qu'elles se déplacent. Mais le spectacle est éphémère, quelques minutes, et c'est la fin. La torpeur des sables reprend ses droits. Ici, la vie semble définitivement éteinte.

A quoi bon m'attarder dans ce monde de fantômes ? Dès que le jour se lèvera, je m'en irai. Je quitterai cet endroit maudit que même les animaux ont déserté.

En partant par le haut plateau, je passe une dernière fois en revue ces vestiges du passé, je prends quelques photos encore et me dirige vers mon campement, en suivant les crêtes rocailleuses incisées de cassures profondes.

A peine ai-je quitté le territoire des ombres que la vie se rappelle à moi sous sa forme la plus inquiétante, la plus ambiguë : à quelques mètres devant moi, dans le fond d'un rocher creux et lisse, j'aperçois une vipère cornue qui, affolée, tente désespérément d'échapper au piège où elle est tombée.

Elle se hisse le long de la paroi glissante, mais retombe invariablement. Sans se lasser, fidèle à son instinct, elle recommence, jetant tout son courage, toutes ses forces dans la bataille. En vain. Voilà plusieurs jours qu'elle doit lutter. On dirait un supplice mythologique. Elle ne s'en sortira pas seule.

Après m'être débarrassée de mon sac à dos, alors que je m'approche du large trou qui la retient prisonnière, elle se tapit dans le fond, immobile, comme pour se confondre avec la pierre et se faire oublier.

« Mais non, ne t'inquiète pas, je vais t'aider à sortir de là ! »

Me voilà partie à la recherche d'une longue branche. Elle doit écouter mes pas qui s'éloignent avec un sentiment de délivrance. Il me faut aller jusqu'aux buissons d'euphorbe, dans la plaine, pour ramasser une longue tige touffue, dépourvue d'épines, que je reviens présenter à la malheureuse. Elle se redresse, crache, s'enroule autour de sa queue, et refuse la perche que je lui tends. Sans perdre patience, j'appuie la branche sur la paroi, et attends le moment où elle retrouvera son calme.

Voilà... elle consent enfin à se lover autour des brindilles, en fermant ses grands yeux jaunes, comme pour oublier le danger qui la guette. Elle n'a pas compris que je lui donnais sa chance. Avec les plus grandes précautions, j'attrape l'extrémité de la branche dans la main droite, la hisse hors du trou, et l'abandonne sur le sable, pour me replier à quelques mètres. La vipère ne bouge toujours pas.

Accroupie, prête à me dégager si elle se décidait à venir dans ma direction, je ne la quitte pas des yeux. De son côté, elle ouvre doucement les paupières, relève la tête, observe alentour, et se déploie lentement, avant de filer, silencieuse, sur le sable.

Quelle morale le fabuliste aurait-il tirée de cette rencontre ? Nous avons poursuivi nos routes, séparément.

Ce soir, j'ai retrouvé ma maison, au cœur de la nature sauvage. Immobile jusqu'à la nuit tombée, assise sur un petit tabouret, les coudes appuyés sur les genoux, face au soleil rougissant qui ne compte pas les jours, je déguste quelques gorgées de whisky.

Ce désert est désespérément beau.

15

Je n'aime pas l'aventure. Ou, du moins, je n'aime pas cet esprit d'aventure, qui se définit aujourd'hui comme un sentiment volontaire, un désir de se dépasser, de repousser des limites, de prendre des risques, et pour certains, même, de défier la mort. La vie est trop précieuse. Les chevaux du désert nous le rappellent à chaque instant.

Le mot « aventure » est galvaudé. Je dirai simplement que le fait d'être né et de vivre sa vie est une aventure. Car on naît ignorant, mais on est en perpétuelle évolution, jusqu'au point final de la mort. Cette marche vers l'inconnu se déroule autant à l'intérieur de soi que dans le cycle du temps et de l'espace.

Pour ceux que cette évolution effraie et que le changement désoriente, il y a toujours moyen de se confiner dans des cadres bien délimités, de choisir un statut qui se voudrait immuable, ou de tenir fermement autour de soi des valeurs qui rassurent.

Mais je crois que la plus belle énergie naît du

simple désir d'évoluer. J'ai la sensation que mes sens réagissent en fonction de ce désir, sans volonté particulière. Je n'ai jamais la sensation de créer, d'inventer ou d'achever. Je sens les choses dans leur continuité, avec des paliers, des carrefours, des haltes, des virages. J'aime profiter de ce qui est. J'aime les choses à l'état brut, car elles sont pures. J'aime aussi soulever le couvercle des boîtes, regarder ce qu'il y a dessous, au-delà des couches superficielles, et fouiller, pour tenter d'apprendre un peu, de comprendre mieux, de trouver les éléments qui me permettront d'apprécier, non de juger.

Je n'aime pas la mort, je ne l'ai jamais désirée, mais je ne la hais pas. Elle est là, je la vois exister comme un point final à l'évolution d'un être. Elle est l'inconnu, mais ne m'effraie pas. J'y pense rarement et lorsque je croise un serpent, par exemple, je n'imagine jamais qu'il veuille m'attaquer. Est-ce de la confiance, ou de l'insouciance ?

Je crois accepter l'idée de la mort, simplement parce que je sais qu'elle existe pour tous ceux qui sont nés. Doit-on pour autant avoir peur de voir sa vie inachevée ? Non, puisque chaque instant est à la fois un début et une fin. Ce qui rapproche ces deux extrémités, voilà la seule aventure qui mérite d'être vécue.

En 1988, des rumeurs sur une course-rallye à cheval en Chine, dans la steppe mongole, parvinrent à mes oreilles. Entre deux voyages au Maroc, je pris contact avec l'organisateur, un habitué du Paris-Dakar qui, pour la deuxième fois, mettait en place ce type de « compétition d'aventure »... Allais-je succomber au côté spectaculaire de l'épreuve ? Non : la steppe me séduisait autant que l'aventure me rebutait !

Claude, l'organisateur du rallye, était davantage un passionné de voyages qu'un fou des défis extrêmes. La précision était rassurante. Et pour moi, qui rêvais de parfaire ma connaissance des chevaux du monde, il était tentant de partir parcourir la steppe sur un cheval mongol. Quant à essayer de remporter la course, cela pourrait se transformer en jeu, un jeu attrayant, certes, mais rien qu'un jeu !

On ne s'inscrit pas à ce genre de compétition comme à un concours de pétanque. Si l'on ne dispose pas d'une fortune personnelle, il est conseillé de s'allier à des « sponsors ». Or, il ne restait que trois mois pour trouver ceux qui me permettraient de payer mon inscription.

Pour faciliter la « course aux finances », souvent plus ardue que l'épreuve sportive, j'élaborai un plan de bataille en plusieurs étapes. Je constituai d'abord une équipe de cavaliers provençaux : Martine, Dominique et Bruno furent séduits par l'idée de voyager ensemble. Puis j'essayai d'intéresser les médias à notre aventure en organisant une conférence de presse, elle-même agrémentée d'un spectacle de cascadeurs mongols et de tir à l'arc. Grâce aux journalistes avec qui mon métier d'ingénieur du son me mettait régulièrement en contact, grâce, aussi, à l'originalité du programme, nombreux furent ceux qui nous rendirent visite dans le Luberon, et nous fîmes la une de plusieurs quotidiens de la région. Enfin, en septembre, je remportai la première place aux sélections préliminaires, à Paris, et les sponsors commencèrent à croire aux chances de notre équipe, si bien qu'un mois plus tard nous avions rassemblé les quatre-vingt mille francs nécessaires à notre inscription, et pouvions espérer nous procurer l'équipement indispensable à une telle équipée : Thermolactyl, fourrures polaires, compas de précision, jumelles, etc.

A la mi-octobre, nous embarquions pour la capitale de la Mongolie-Intérieure, Houhehot l'imprononçable – et sans doute la bien nommée –, où nous retrouvions trente-trois autres concurrents venus de toute l'Europe.

« Profitez du confort de l'hôtel, de la douche chaude et des repas copieux, annonçait Claude. Après-demain, nous partons pour le désert de Gobi, où sera donné le départ du rallye. Là-bas, sous les yourtes, il règne une température de moins 10 °C à moins 20 °C ! »

Comme toujours, les images d'Épinal que nous avions pu apporter avec nous n'avaient pas les couleurs de la réalité. Où étaient les grands espaces vierges, la limpidité des cieux, la sauvagerie des mœurs ? La ville, grouillante de foule, suffoquait dans l'âcre odeur de charbon dégagée par les usines qui la ceinturent. L'air glacial était saturé par la pollution. Comment imaginer que la steppe, l'immense steppe mongole qui s'étend jusqu'aux confins de la Sibérie, n'était qu'à deux pas ?

Pour assister les concurrents pendant la course, le gouvernement chinois avait mobilisé des guides interprètes et des étudiants. De même, pour assurer la sécurité – et peut-être surtout la surveillance – des étrangers, il avait dépêché des soldats, avec leurs chevaux et leurs véhicules. Une cohorte nous attendait donc aux portes de la ville. On nous entassa dans des minibus qui paraissaient avoir été réquisitionnés dans une casse automobile, et le convoi s'ébranla. Des heures durant, il brinquebala sur les pistes défoncées des hauts plateaux avant d'atteindre le premier village mongol : Gegentala.

Quelques charrettes attelées circulaient dans les champs, de rares maisons carrées aux couleurs grises bordaient la piste : les habitations des nomades que le gouvernement communiste a sédentarisés de force il y a plus de quarante ans et qui ont été associés aux coopératives agricoles de l'État.

Aux contreforts des plateaux, la route de terre était très escarpée. A deux mille mètres d'altitude, il commençait à faire très froid dans les bus sans chauffage. La végétation s'était clairsemée ; il ne restait plus qu'une herbe rase et jaune. Bientôt, nous pûmes distinguer quelques yourtes plantées en plein vent, avec, à l'horizon, des silhouettes de chevaux hirsutes : nous arrivions au cœur de la steppe.

Une dizaine de chevaux entravés aux antérieurs pâturaient près du village. Tous parurent affolés par la tapageuse arrivée de notre cortège. Mais l'incompréhension était réciproque : parmi les concurrents anglais, français, hollandais et allemands, on échangeait force regards inquiets... Ces chevaux, hauts comme trois pommes, couverts de leurs longs poils d'hiver, aux pieds non ferrés, à l'œil sauvage, étaient-ils censés devenir nos montures de course ?

Tout portait à le croire : la capture des chevaux de la steppe avait commencé. Le lendemain devait avoir lieu une cérémonie importante : le tirage au sort désignerait la monture que recevrait chacun d'entre nous, et qui serait choisie parmi la centaine de chevaux que l'on rassemblerait dans la nuit. Je restai longtemps à observer l'extraordinaire technique de capture au lasso. Par groupes de quatre ou cinq cavaliers, équipés de longues perches au bout desquelles pendaient des lassos préparés avec des nœuds coulants, les Mongols poursuivaient les chevaux libres galopant ventre à terre. Quand ils en avaient isolé un, à bout de souffle, ils lui passaient la tête dans la boucle de la corde. Cinq ou six hommes se précipitaient alors sur lui, le jetaient à terre et lui enroulaient une corde autour des jambes. Ainsi entravé, l'animal ne pouvait plus se déplacer qu'à petits pas, et était en tout cas incapable de fausser compagnie aux hommes qui l'avaient capturé.

Le lendemain matin, j'héritai d'un jeune poulain qui venait tout juste de se rendre. Je ne lui donnais pas quatre années. Il était épouvanté et ne paraissait pas même débourré... Bref, il refusait que je l'approche.

Chaque concurrent disposait de la journée pour se familiariser avec sa monture. Martine, Dominique et Bruno héritèrent de chevaux plus âgés, qui laissaient paraître leur expérience de la selle. A mon grand désarroi, le mien n'avait jamais rien appris de tel.

A force de paroles rassurantes, avec l'aide de trois Mongols, je parvins à lui mettre ma selle sur le dos, le mors entre les dents... et à l'enfourcher. Il déploya des trésors d'imagination pour tenter de se débarrasser de ce poids sur son dos. Fort heureusement, malgré ses ruades et ses cabrades, il ne réussit pas et se fatigua avant moi. J'avais gagné la première bataille.

Tout le jour je m'occupai de lui, esquivant ses coups de pied et de dents, lui parlant beaucoup pour qu'il se familiarise avec ma voix, et le brossant longtemps afin de le mettre en confiance. Lorsque j'essayai une deuxième fois de le chevaucher, il changea de méthode : solidement planté sur ses quatre pieds, il décida de ne pas faire un pas, ni en avant, ni de côté, ni en arrière. Nous étions bien partis pour une course en solitaire de plus de cinq cents kilomètres – à la boussole, qui plus est !

J'avais beau être découragée, je ne lâchai pas prise, si bien qu'il finit par esquisser ses premiers pas. Aussitôt, je congratulai Petit Gris de mots doux et de caresses, mis pied à terre, le dessellai, et partis me promener avec lui, marchant à son côté, jusqu'à trouver un pâturage attrayant. La nuit portant conseil, je décidai de le laisser tranquille, avec ses entraves et ses copains.

Au petit matin, dans le vent glacial, le drapeau et le chronomètre annonçaient le départ de la première épreuve : toutes les cinq minutes, un concurrent engoncé dans sa veste et son chapeau en fourrure prenait la route. Heureusement, le tirage au sort m'avait attribué la dernière place, et je partis après tout le monde. Ce fut une chance, en effet : Petit Gris, sachant que tous ses compagnons étaient déjà loin devant, n'hésita pas à prendre le départ, dans la même direction.

Cette première étape balisée devait être accomplie à vitesse imposée : il fallait parcourir cinquante kilomètres à douze kilomètres à l'heure exactement. Chaque seconde en plus ou en moins valait un point de pénalité. L'exactitude de ma course me plaça première ex aequo, avec Bruno, qui était parti ce jour en tête de liste. Martine et Dominique se classaient loin derrière, mais elles n'avaient jamais prétendu participer à cette course pour gagner. Le lendemain, l'ordre de départ étant à l'inverse du classement général, je conservai ma place de dernière partante, et toutes mes chances.

Chaque soir, le troupeau se reformait autour d'un campement de tentes militaires, pour le moins rustique. Après s'être rué à l'abreuvoir, qui désaltérait d'habitude les milliers de moutons, chameaux et chevaux libres des élevages de la steppe, nos petits chevaux « de course », entravés aux trois pieds, pâturaient alentour, sans autre apport alimentaire. Nous, les concurrents, avions alors droit à la soupe aux nouilles : une mixture dont le seul attrait était la chaleur. Il faisait 18 °C en dessous de zéro. Avant de m'envelopper dans mon duvet, sous une des quatre tentes kaki qui abritaient les concurrents, je profitai d'une grande rasade d'alcool de sorgho près du feu de bouses de chameau préparé par les cavaliers mongols.

Chaque matin, après un thé avec un nuage de lait de jument, on nous communiquait le règlement de l'étape du jour lors d'une réunion « en plein air ». Nous avions le nez gelé, les joues rouges et les doigts gourds ; il était difficile de noter toutes les consignes, qui paraissaient pourtant essentielles à notre survie. Petit Gris m'accueillait avec de plus en plus de gratitude. Son œil inquiet, ses coups de pied cinglants, ses dents menaçantes cédèrent peu à peu la place à une énergie encore difficile à maîtriser, mais qui s'apparentait au jeu. Je lui rapportais fidèlement les instructions de la réunion du matin, et le préparais pour la nouvelle étape : les parcours à vitesse imposée se mêlaient aux difficultés de l'orientation à la boussole.

Après avoir pleuré de découragement et de désarroi sur son dos, après lui avoir adressé les plus belles promesses et les pires menaces, je reprenais espoir. Le dialogue qui s'établissait entre nous me bouleversait autant qu'il me passionnait. Magnifique subtilité de ce langage !

Plus les jours s'écoulaient, plus j'étais sensible au sentiment de solitude qu'on éprouve dans la steppe. L'horizon ne variait pas plus que le paysage. Tout était plat, jaune, lisse, les lignes pures et sans bavure. Les points de repère les plus simples m'étaient refusés, et je ne pouvais me raccrocher à aucun détail pour me rendre compte que j'avançais ! Était-ce le désir de voir enfin du changement qui poussa Gengis Khan jusqu'aux portes de l'Europe ?

Parfois, un contrôleur de course « surprise », engoncé dans son anorak, un chrono en main, me rassurait : j'étais donc bien sur le bon chemin.

Petit Gris et moi poursuivions notre route sans changer de rythme. Une vitesse de douze kilomètres à l'heure, avec un cheval qui mesurait à peine un mètre trente-cinq, imposait une allure soutenue. En fonction du terrain et de la fatigue, nous trottions sur de longues distances, marchions au pas, galopions quelques instants... et nous variions ainsi les plaisirs sans jamais perdre notre cap d'un seul degré, comme l'indiquait le compas serré autour de mon poignet.

Le pique-nique quotidien, à la mode mongole, n'était guère consistant, malgré l'excellente viande de mouton séchée accompagnée d'une sauce très relevée. Les barres vitaminées offertes par notre sponsor, et que, chaque matin, je glissais dans mes fontes, étaient d'une réelle utilité. Mon cheval était le seul à ne pas les apprécier.

Le caractère généreux de Petit Gris se confirmait. Très vite, il se prêta au jeu et donna le maximum de ses possibilités. Malgré les efforts qu'il fallut parfois fournir, il me suivait aveuglément et paraissait infatigable. J'aimais cette complicité qui s'était créée entre nous. Chacun à notre tour, il nous arrivait de perdre le moral : si c'était lui, je lui chantais des mélodies ou marchais à son côté ; si c'était moi, son acharnement à poursuivre l'effort, seul, suffisait à me réconforter.

Le sixième jour, à mi-parcours, douze concurrents manquaient au rendez-vous du soir. On imagine le vent de panique qui, pendant quelques heures, souffla parmi les organisateurs... Les malheureux cavaliers s'étaient égarés dans la steppe ! Après quoi, trois chevaux furent éliminés au contrôle vétérinaire, pour cause de boiterie... Dans ces conditions, il n'était pas difficile, pour Bruno et moi-même, de conserver les premières places au classement général que nous détenions depuis le premier jour. Sans doute notre vigoureuse santé et nos facultés d'adaptation aux latitudes exotiques nous favorisèrent-elles davantage que notre technique ou notre expérience de la course, puisque c'était la première à laquelle nous participions.

Pendant que les cavaliers qu'on était allé récupérer dans la steppe s'écroulaient de fatigue au fond de leurs duvets, la fête des Mongols battait son plein autour du feu. Le mouton qui, ce soir-là, fut la victime de la soirée trépassa sous la main d'un homme qui enfonça ses doigts dans la chair de l'animal encore vivant, jusqu'à pincer l'aorte, directement au cœur. Moins d'une heure après, le malheureux grillait, au-dessus du feu, sous forme de brochettes, pendant que les voix graves des hommes entonnaient des chants jusque tard dans la nuit. L'infâme tord-boyaux me réchauffait sans me soûler, et je ne sentais plus le froid glacial.

J'aimais ce voyage que les êtres humains et les chevaux accomplissaient en commun, le plaisir de la rencontre qui passait par les surprises de l'inconnu... et l'immensité d'une terre peuplée d'animaux libres. Le trajet de retour à Gegentala fut une vraie fête. Ce dernier jour était hors compétition. Je galopais au milieu des élevages en liberté, chevauchais auprès des cavaliers mongols, nous échangions nos montures, nos selles, nous approchions des chameaux aux longs poils... Après une dernière nuit dans le village de yourtes, ce fut l'adieu à la steppe, l'adieu à Petit Gris.

La horde de chevaux retrouvait la liberté. Petit Gris n'avait plus d'entraves, mais nous avons cheminé, côte à côte, pendant quelques centaines de mètres. Tous deux, nous regardions l'horizon, la tête haute. Lorsque je me suis arrêtée, il a stoppé aussi, tournant la tête vers moi, le front plissé, l'air hésitant. Puis il a regardé de nouveau le troupeau qui était déjà loin et a effectué le premier pas de la séparation. D'une marche tranquille, il est allé rejoindre ses semblables.

Sans doute, cette dernière épreuve n'avait rien de sensationnel, mais peut-on en rêver de plus belle ? Les compagnons se séparent ainsi, riches de l'expérience acquise en commun, sans tristesse ni regrets. A chacun sa route. A chacun son aventure.

16

Le désert et ses métamorphoses : on dirait le titre d'un cycle de conférences; ce n'est que l'énoncé d'une réalité simple. Ces plaines, ces dunes, qu'on dit mortes et stériles, sont un extraordinaire réservoir de vie, un territoire toujours en mouvement, un continent à la dérive, un tremblement de terre quotidien. Il suffit d'une journée de vent ou d'une heure de pluie pour que le décor devienne méconnaissable. Ici, c'est le paysage lui-même qui est nomade.

Depuis deux jours, un grondement sourd résonne par intermittence dans le désert. Emmitouflée dans mon duvet, les yeux grands ouverts, j'ai l'impression qu'un étrange sabbat se déroule au cœur de la nuit, comme si les montagnes, érodées par le fouet du sable, s'étaient conjurées pour déchaîner la fureur des vents.

La violence des rafales va croissant, la toile de l'abri vibre et claque, les étoiles ont disparu derrière un épais voile de nuages. La tempête fait rage. Le vent n'est contenu par aucun obstacle, et donne libre cours à sa fougue sur des kilomètres d'étendue sableuse. Le Namib est réputé pour cela aussi : la fréquence et la puissance des vents qui s'y déchaînent.

Soudain, le hauban tendu devant ma tente cède à ces assauts répétés et casse net. En une fraction de seconde, j'entrevois toute l'étendue de la catastrophe à venir et me précipite à l'extérieur... Le vent va déraciner ma maison, il va l'emporter dans les airs comme un fétu de paille. Je m'arc-boute pour essayer de la retenir, mais il m'est impossible de rester debout. Je ne suis pas de taille à lutter contre ces éléments.

Les piquets de bois basculent déjà, les dernières amarres du camp en dérive vont bientôt lâcher. Je n'ai que le temps de me jeter sur la tente afin que l'ouragan ne puisse l'emporter. Au même moment, un joyeux tintamarre m'annonce que plusieurs de mes précieuses casseroles ont pris la clef des champs... Étendue de tout mon long sur la toile que je plaque contre le sable, je grelotte de froid. Pas question de lâcher prise ne serait-ce qu'un instant pour attraper de quoi me couvrir. Les questions angoissées se pressent dans mon esprit, mais, bien sûr, pour y répondre, je dois me contenter d'hypothèses plus ou moins optimistes : est-ce que ça va durer longtemps ? est-ce que ça peut souffler plus fort ? Vanité de l'intelligence humaine : tous les animaux, toutes les « bêtes », j'en suis sûre, se sont réfugiées au creux des dunes, les fesses tournées face au vent, et moi, représentante de l'espèce supérieure, je suis plantée au sommet de mon promontoire, pour tenter de sauver les meubles !

Entre deux rafales, j'ose enfin plonger mon bras sous la ruine et parviens à extraire une natte et une bâche en plastique dans lesquelles je m'enroule en toute hâte. Ce n'est ni élégant ni chaud, mais du moins le vent ne me pénètre plus jusqu'aux os. Les yeux écarquillés, je suis éblouie par les éclairs qui claquent autour de moi et illuminent la plaine de leur feu cru, je reste en extase devant la foudre qui s'écrase sur les sommets rocheux. Va-t-elle me choisir pour cible ?

Le spectacle est grandiose. J'en oublie presque le terrible inconfort dans lequel je me trouve, calée tant bien que mal dans ce fatras de toile et de cailloux. Le désert ne prendra pas ma maison.

Le jour se lève sans que la tempête se soit calmée, et sans que ma situation se soit améliorée. Il me faut attendre les premiers rayons du soleil qui percent entre les sombres masses nuageuses pour bénéficier d'une accalmie. Vite, un petit réconfort ! Quelle ironie ! Je suis au cœur d'un désert d'Afrique, et je ne rêve que d'un peu de chaleur ! Désormais, mon objectif dans la vie, c'est de récupérer ma fourrure polaire et ma veste de montagne sous ma tente effondrée, et de me préparer un café brûlant.

Cependant, je pare au plus pressé. Je jette de grosses pierres sur la toile qui enveloppe encore mes précieuses affaires, pour la maintenir plaquée au sol. Je peux ensuite allumer un feu qui, pour une fois, ne comptera pas les bûches – tant pis, j'ai tellement attendu ce moment... Mais la trêve ne dure pas. Le vent, qui a tourné à l'ouest, se remet en folie, et l'eau n'a pas eu le temps de bouillir. Sa chaleur suffira tout juste à infuser le café au fond du pot que j'emporte en hâte sous ma ruine.

Un plaisir inoubliable accompagne chaque gorgée. J'étais transie ! Très vite, les rafales s'espacent et faiblissent... La sève du tonnerre se décide enfin à couler. D'énormes gouttes s'écrasent sur le sable lissé par le vent, qui les absorbe aussitôt. La lumière se brouille, les couleurs s'exacerbent, le jaune pâle vire à l'ocre orangé, tandis que le désert exhale son odeur secrète. L'averse dure dix minutes tout au plus, et, lorsqu'elle cesse, tout paraît aussi sec, aussi aride que lorsqu'elle a débuté.

Les nuages que le soleil irise font défiler leurs ombres noires sur la plaine, la tempête semble s'éloigner. Avant la nuit prochaine, je dois me mettre en devoir de reconstruire ma maison. Les haubans emmêlés aux pierres et aux piquets cassés demandent des heures de réparation. Il me faut déblayer le sable qui s'est insinué partout, récupérer les casseroles que les buissons ont arrêtées à plusieurs centaines de mètres... Je dois faire vite : un énorme scorpion visite déjà la marmite qui a atterri chez lui... Les cinq nœuds alignés sur sa queue m'impressionnent. Toutes ces bestioles vont-elles sortir de leurs buissons, comme des escargots après la pluie ?

Le creux des dunes est mieux abrité du vent, mais il est aussi plus habité. Mon promontoire caillouteux n'est envié de personne. C'est là que je dois me réinstaller en révisant ma technique de construction. A la manière des Touareg, un toit posé sur des piquets courts rendra mon abri plus solide. Il me suffit de scier les anciens poteaux en bois, et de les disposer debout, en cercle, pour tendre la toile qui restera maintenue au sol, tout autour, par un muret de cailloux.

C'est toujours dans le désert que Dieu fait pleuvoir la manne, et l'averse de l'autre jour avait bien des allures de miracle. Car, malgré sa brièveté, elle a accompli un prodige que les plus extravagants jardiniers n'auraient pas osé espérer : elle a déclenché le printemps. Sous la lumière rasante du matin, une étonnante ombre verte colore aujourd'hui le Namib. Je dois me frotter les yeux pour y croire. Agenouillée, je découvre que des milliers de petites pousses, resplendissantes de couleur et de jeunesse, ont écarté les grains de sable pour se frayer un chemin vers la lumière.

Merveille des merveilles ! La pluie, serait-ce ce prince charmant qui est venu réveiller sa belle, plongée dans un sommeil séculaire ? Serait-ce la métamorphose du désert ? Les plaines et les vallons sableux vont-ils se transformer en prairies verdoyantes ? Entendra-t-on bientôt tintinnabuler les cloches des vaches dans l'alpage ? Est-ce mon imagination qui délire, ou le désert me joue-t-il un nouveau tour ?

La végétation du Namib se moque des saisons. Les graines enfouies dans son sable peuvent rester inertes pendant des mois, attendant la petite goutte d'eau qui leur redonnera vie. Leur métabolisme est suspendu, et on les croirait mortes.

Mais quand vient la pluie, elles s'empressent de germer et de développer leurs feuilles, leurs fleurs, avant que la sécheresse n'ait de nouveau raison d'elles. L'existence de ces plantes est très brève. En deux ou trois semaines, elles ont accompli en entier le cycle de leur reproduction, et de nouvelles graines sont prêtes pour la prochaine averse. Elles compensent la rapidité par l'exubérance : on dirait qu'une main invisible a repeint le désert en vert dans la nuit.

Plusieurs familles de chevaux se sont présentées au rendez-vous. L'atmosphère est à la fête. Les poulains excités bondissent en tous sens. Les juments, impatientes de prendre le départ, lancent des cris d'appel aux retardataires. Quant aux mâles, ombrageux, ils tentent de rassembler leurs harems, car ils ont senti venir le danger : là-bas, un jeune et élégant alezan, chaussé de quatre hautes balzanes, s'approche, prêt à en découdre.

J'ai déjà remarqué sa hardiesse et l'ai surnommé Bagarreur. Son charme de célibataire, son âge (il a six ou sept ans) lui promettent de trouver rapidement une compagne. Ce matin, il choisit de séduire la jeune pouliche de la famille Alezans.

Bagarreur est déchaîné, et il connaît le protocole. Il commence par trotter en rond autour des juments rassemblées au point d'eau. Puis il s'arrête brusquement : son corps entier vibre d'un hennissement puissant, adressé à la belle. C'est le signal. Le chef des Alezans, que ce manège inquiète, ne tarde pas à intervenir. Il attaque, de front et sans sommation. L'instinct de survie ne laisse aucune place aux palabres. La grâce de la parade s'efface devant la brutalité pure.

La gorge nouée, j'assiste à ce premier combat, où ne sont ménagés ni les coups ni les morsures. Je suis le seul témoin du duel, car toutes les autres familles ont déguerpi. Je n'ai jamais vu des étalons s'affronter avec une telle férocité. Les deux chevaux sont dressés face à face. Ils se boxent et se cinglent le corps de leurs antérieurs. Les membres s'entremêlent, les corps se cabrent et se cambrent. Les mâchoires grandes ouvertes cherchent une prise. Soudain, le jeune séducteur change de tactique : il se retourne d'un bond et projette les postérieurs. La ruade est imparable. C'est sa botte secrète. On entend le bruit sourd du sabot heurtant la hanche du chef, qui accuse le coup, comme paralysé par la douleur, sans plus détendre sa jambe arrière qu'il tient repliée sous lui. Le blessé se redresse, péniblement, s'approche du point d'eau en boitant, avec de grands balancements d'encolure, puis se laisse glisser sur le sable, se roule, se frotte, se relève et reprend progressivement ses esprits. La blessure n'est pas grave.

Pendant ce temps, sans perdre une seconde, Bagarreur s'est précipité sur les juments. Le voici qui satisfait son désir brûlant : par la force et la surprise, il a réussi à saillir une pouliche apeurée. Brève copulation : celle qui n'a cessé de se débattre se débarrasse enfin de lui, pour se réfugier, en toute hâte, auprès des quatre femelles regroupées. Serrées les unes contre les autres, elles complotent contre le joli cœur qui revient à l'assaut. Leurs ruades endiablées, accompagnées de cris perçants, rendent l'approche difficile, et une nouvelle saillie impossible. Quant aux poulains, ils se sont perchés en haut de la dune, loin du ring, et observent les grands.

Les juments, par leur fidélité, ont accordé un répit au chef. Il a repris son souffle et son aplomb, et il rapplique au grand galop, les oreilles droites, les veines saillantes, se lançant de nouveau à la poursuite du prétendant. Mais la course effrénée tourne court. Les adversaires préfèrent s'affronter face à face. Ils semblent inextricablement mêlés, mutuellement crochetés de leurs encolures enroulées. Soudain, mordu à l'épaule, le jeune est déséquilibré. Il bascule et s'effondre, plaqué au sol sous le poids du plus fort, dont les dents plantées dans sa chair ne veulent pas lâcher prise. Le corps à corps est terrifiant.

Bagarreur se dégage enfin et prend la fuite. Le chef a remporté ce nouveau combat.

Malgré mon émotion, j'ai pu attraper mon appareil photo, et j'observe la rixe, debout, à mi-pente de la dune. Sans le savoir, je me suis plantée sur la trajectoire de Bagarreur. Poursuivi par le chef, il fonce droit sur moi. Dans une seconde, il me renverse et me piétine. Tout se passe très vite. Je m'exhorte au calme : « Ne bouge pas, Jacqueline, il est trop tard pour te retirer. » Le moindre pas hésitant ne ferait que perturber la course du bolide, qui malgré tout ne recherche sûrement pas la collision ! Tendue par les décharges d'adrénaline qui s'écoulent dans mes veines, le corps droit, les bras écartés, j'impose ma fragile personne à la masse musculaire en folie qui fond sur moi.

Une gerbe de sable me cingle le visage. A trois mètres de moi, Bagarreur a viré à angle droit. Il m'a évitée de justesse !

Les combats s'espacent, mais le prétendant ne se rend pas. La vigueur de ses jeunes années ne suffit pas à vaincre la technique expérimentée du chef. Les coups et les blessures superficielles ne le ramènent pas à la raison. Il a perdu plusieurs batailles, mais pas la guerre. Il semble que seuls l'épuisement ou l'invalidité le feront changer d'avis. Les juments, qui se sont postées à l'écart, d'un air serein, pourraient paraître indifférentes à l'issue du combat. Mais elles attendent patiemment leur protecteur. A plusieurs reprises, la doyenne a tenté de donner le départ vers les dunes, mais Bagarreur s'accrochait à leurs trousses. La nuit tombe, et le champ de bataille s'est déplacé tout au plus à un kilomètre, dans la plaine. J'entends encore les couinements de colère qui accompagnent ce ballet sauvage.

C'est le lendemain matin que je constate l'échec provisoire de Bagarreur.

Seul, il se désaltère au point d'eau. Mon approche ne l'effraie pas. Ses yeux cernés, tournés vers moi, traduisent sa confiance autant que sa fatigue. A moins de trois mètres de lui, je sens qu'il est prêt à fuir : je ne ferai pas un pas de plus. La sueur séchée lui a collé le poil, et le sable recouvre ses plaies. Mais rien de grave. Cela ne le dissuadera pas de tenter une nouvelle fois sa chance auprès d'une belle...

Le réveil de la végétation marque le début de la saison des amours. Les juments, qui, après onze mois de portée, ont mis bas ces jours-ci redeviennent réceptives. C'est l'époque du poulinage, et, pour les mâles célibataires, le moment de conquérir une compagne. Les étalons vieillissants vont devoir céder la place aux plus vigoureux.

Les changements dans la structure sociale des groupes vont bouleverser mon fichier. Le classement auquel je dois me préparer sera l'occasion d'un nouveau dénombrement. Dans le désert, les conséquences d'une journée de pluie sont infinies...

17

Depuis que je suis arrivée ici, je rêve de suivre les chevaux dans leurs déplacements. L'abreuvoir ne représente qu'une petite partie de leur existence. Je veux savoir comment ils vivent quand ils en sont éloignés. L'averse providentielle de l'autre jour, inattendue au mois d'octobre, a dû remplir d'eau ces bassins creusés dans la roche que j'avais repérés lors de ma tournée en voiture avec les *rangers*. C'est le moment ou jamais de mettre mon projet à exécution. Je n'ai pas besoin d'emporter beaucoup d'eau, mais il me faut des réserves alimentaires pour quatre jours, et la journée me suffira à peine pour les préparer.

Au lever du soleil, la famille Oreilles Cassées (le chef a l'oreille droite pliée en deux) se désaltère. Les deux poulains me connaissent bien : s'ils m'acceptaient comme douzième compagnon de route, nous pourrions marcher ensemble...

Je bourre mon sac à dos : deux pains (trop cuits), du lait concentré, des fruits secs, une boîte en plastique étanche remplie d'une sauce maison, trois carottes, six litres d'eau, mes vêtements Thermolactyl, de la crème solaire pour mon nez fragile, la petite tente-igloo, mes carnets et mon matériel photo – douze kilos à porter ! Il ne faudra pas mollir si je ne veux pas me laisser semer par les chevaux.

Les Oreilles Cassées s'en vont déjà. Je suis prête. Allons-y !

La piste tracée, près de l'abreuvoir, par les allées et venues des chevaux se divise bientôt en multiples ramifications. La direction que nous suivons plein nord est la bonne : les rochers creux sont environ à quinze kilomètres d'ici, derrière deux mamelons dont j'ai bien gardé les formes en mémoire.

Toute la matinée, en file indienne, nous avançons au rythme de cinq à six kilomètres à l'heure. Les cailloux bordent le sentier creusé, la montée abrupte des dunes précède leur descente vertigineuse, nos pieds s'enfoncent dans le sable, les fesses des chevaux rasent la surface, la marche est éreintante.

La chaleur est intense, mais le vent fait évaporer la transpiration sur la peau. Bien des jours ont passé depuis que je suis arrivée en Namibie. L'été austral est proche. Dans ce désert, en décembre, les températures de 70° C au sol ne sont pas rares. Il était temps que je me lance dans cette exploration ! J'ignore où ces infatigables chevaux vont me conduire, mais je n'irai pas plus loin que les rochers creux.

J'aime à imaginer que j'ai été provisoirement

adoptée par la famille, que je suis l'un de ses membres. Je marche du même pas qu'elle, peine à ses côtés, m'arrête en même temps qu'elle. Chacun vaque alors à ses occupations. Eux grappillent le moindre brin d'herbe oublié, reniflent le vieux crottin desséché, tètent leurs mères, ou fouinent dans le sable. Moi, je me repose.

Nous approchons du lit d'une ancienne rivière, transformée en un large vallon. A notre arrivée, les petites gazelles du désert, les springboks, prennent la fuite par bonds successifs, tel un nuage de sauterelles. Leurs sauts de plusieurs mètres, les jambes arrière tendues, sont d'une rare élégance. Mais les Oreilles Cassées s'intéressent moins que moi à ce spectacle : la carte du restaurant les émerveille davantage. Maigre pitance, pourtant, que ces touffes d'herbe jaunie qui s'offrent à eux entre deux cailloux. Les plantes ont éclos à la dernière saison des pluies. Depuis, dix fois rongées, elles n'ont pas pu croître en hauteur. Les incisives des chevaux croquent leurs tiges épaisses. C'est loin de ressembler à un festin, mais ce doit souvent être leur ordinaire.

La chaleur accablante me pousse à chercher un refuge. Peut-être cet énorme rocher, à quelques centaines de mètres, sera-t-il accueillant. Fendu par le milieu sur toute sa hauteur, il dessine sur le sol une ombre étroite et providentielle. Mais l'endroit est déjà habité. Les débris d'os et les crottes blanches chargées de poil que j'y découvre m'indiquent que la hyène est passée par là. Ce doit être l'une de ses nombreuses cachettes. Pour le moment, c'est la mienne.

J'en profite pour pique-niquer, moi aussi, et boire quelques gorgées d'eau. J'ai l'impression que mes compagnons de route ne feront pas un pas de plus. Il faut pourtant que j'atteigne les points d'eau éphémères avant la nuit. Je dois fausser compagnie aux Oreilles Cassées et me mettre en route, seule. Les chevaux, le nez à terre, et les deux poulains allongés sur le sable ne se soucient guère de ma présence. Mais en tournant au milieu d'eux, avant mon départ, je me rends compte que je ne peux pas les approcher. Dans ce nouveau décor, je retrouve leur méfiance. Je ne suis pas de la famille.

Les fameuses « zones de danger », délimitées par des cercles concentriques autour de chaque animal, sont bien connues, chez tous les chevaux. Elles avaient disparu entre nous, lorsque nous cohabitions au point d'eau. La confiance que nous avions établie me permettait alors d'atteindre la dernière limite, celle du contact physique, la plus difficile à passer : celle de la soumission. Chaque fois que j'ai tenté de la franchir avec les adultes, j'ai provoqué un geste de recul. Il faut du temps pour apprivoiser ces sauvages. Mais aujourd'hui, loin du point d'eau, loin du décor habituel, cette distance d'approche est repoussée à environ sept mètres : un pas de plus, et je provoquerais la fuite.

Quoi qu'il en soit, aucun cheval ne se soucie de mon départ. Me voilà seule, marchant au son de mes sandales que raclent les pierres abrasives. Plus question de suivre les traces des chevaux ; je coupe court, en direction des mamelons que je reconnais au loin. Mais la réalité des distances est faussée par la nudité du paysage : la marche est longue.

Je suis d'autant plus heureuse, lorsque je touche enfin au but, de constater que mon intuition était juste. Les bassins sont pleins d'eau – mais d'une eau verdâtre, et déjà peuplée d'insectes en tout genre... Peu importe, je filtrerai le liquide, et le ferai bouillir. Les rochers plats luisent sous le soleil couchant. Quelques chevaux ont déjà foulé le sable, tout autour, et la famille Les Lambins est ici : quoi de plus normal pour ces cinq chevaux qui semblent ne jamais s'affoler ! Puisque le bon Dieu a déposé cette manne à leur porte, pourquoi se fatiguer à marcher jusqu'à l'abreuvoir ?

Le poulain est couché près de sa mère ; la jument prête à pouliner se repose, les fesses tournées face au vent, immobile, les jambes écartées ; le mâle protecteur fouine dans le sable tout en restant aux aguets, car ici, nous ne sommes pas loin de la montagne, et les prédateurs sont proches. Face à un tel danger, la fuite est la seule défense des chevaux. Ils dormiront ainsi, debout, grâce à ce mécanisme extraordinaire dont ils disposent : le système « d'accrochage » qui bloque les articulations et empêche les jambes de fléchir dans le repos.

Quant à moi, qui ne bénéficie pas de cette technologie, j'ai quelques difficultés à installer ma tente contre le rocher arrondi. Un vent violent s'est levé, qui balaie la nuit claire, et voudrait emporter la toile. Lorsque, enfin, je trouve un petit abri pour ma bougie, je ne peux m'offrir qu'un repas frugal. Ce soir, je n'ai pas de bois : je n'ai donc pas de feu.

Pendant trois jours, je profite de ce nouveau décor et observe les chevaux qui viennent s'abreuver.

ver. Ils sont plus d'une cinquantaine à avoir escaladé les rochers noirs, avec une adresse impressionnante. La corne de leurs sabots adhère à la pierre rugueuse, puis leurs genoux se ploient lentement, jusqu'à toucher terre. Le dos s'incurve, l'encolure se tend dans un équilibre précaire, les lèvres s'approchent de l'eau et s'enfoncent sous la surface recouverte d'une algue vert clair. A genoux, les lèvres fermées, ils aspirent bruyamment l'eau, tout en la filtrant. Chacun boit à son tour, avec un luxe de précautions, puis retrouve le sable plat et esquisse quelques foulées de contentement pour rejoindre sa famille.

Un nouveau groupe se présente : neuf jeunes mâles, tous célibataires. On dirait une bande de loubards en vadrouille ! Leur allure hautaine, leur queue relevée, comme s'ils voulaient se grandir, leur poil noir et luisant prouvent leur santé éclatante en ce début de saison des amours. Hélas, ici, pour le moment, il n'y a pas de jument. L'odeur qu'elles ont laissée suffit à les exciter. Ils ne font que passer.

Cette nuit, un ronflement rauque me tire de mon sommeil. Engoncée dans mon duvet, je me relève, sans bruit, et m'approche de l'ouverture de la tente, fermée par la moustiquaire. La forme que j'aperçois, à moins de quarante mètres, ressemble à celle du léopard.

Vite, j'enfile vêtements et chaussures, attrape ma torche, les fusées d'artifice, une boîte d'allumettes, et me redresse devant la tente. Je braque le faisceau lumineux vers le rôdeur, qui marche de profil. C'est bien lui, le léopard ! Il s'arrête, tourne la tête, lentement, et me regarde. Ses yeux jaunes sont fascinés par la lumière. Immobilité totale. L'émotion surclasse la peur.

« Bonsoir, monsieur le léopard. »

Il semble acquiescer. Les présentations sont donc faites. Je ne vais pas l'éblouir plus longtemps. Dès que j'éteins la lampe, il reprend sa marche silencieuse, et s'éloigne sous la lune claire. Il est venu boire, tout simplement, et s'en retourne, paisible, vers sa tanière. J'ai surpris le prédateur dans son périple nocturne. Le jour viendra où je suivrai ses empreintes, pour visiter, à mon tour, son territoire.

Je ne distingue plus âme qui vive. Les chevaux ont élu domicile ailleurs, pour la nuit. Les nombreux animaux qui s'abreuvent assèchent rapidement les bassins. Demain, il me faudra moi aussi quitter les lieux pour retrouver le point vital du désert : l'abreuvoir de Garub.

18

Une boîte aux lettres, dans le désert ? On peut s'en passer, c'est vrai. Je n'entretiens pas une correspondance de ministre. Voilà même des semaines que je n'ai donné de mes nouvelles à personne. Je viens pourtant de recevoir une lettre.

Une lettre ! Une vraie lettre, postée en France il y a dix-huit jours, affranchie avec des timbres officiels et d'authentiques cachets postaux. Wilfred, qui est venu spécialement me remettre mon courrier, n'a même pas coupé son moteur. Il a tout juste pris le temps de me saluer et, avec discrétion, s'en est allé pour me laisser seule savourer le plaisir de décacheter l'enveloppe. Mais, d'abord, je tourne et retourne le pli entre mes doigts, comme si c'était un canular ou un Objet Postal Non Identifié tombé du ciel. En suis-je bien le destinataire ? « Nature Conservation/A l'intention de Jacqueline Ripart. » Je ne connais pas cette écriture. Qui est l'expéditeur ? Aucune indication ne le précise au dos.

La lettre a mis dix-huit jours pour me parvenir, elle attendra bien encore une heure ou deux. Quand elle est arrivée, j'étais en train de m'organiser pour commencer le nouveau dénombrement. Cette missive imprévue va bouleverser mes plans. Mais je ne veux pas gâcher ce moment rare et vais me préparer un « salon de lecture ». Je fourre l'enveloppe dans la poche de ma salopette et me mets à l'ouvrage.

Malgré mon impatience, la matinée s'écoule sans que je sois tentée de percer le mystère. Il me faut ranimer le feu, puiser de l'eau, la faire bouillir, préparer la théière, installer la « table » à l'ombre... Une à une, toutes sortes de suppositions défilent dans mes pensées : qui donc pourrait avoir quelque chose d'urgent à me dire ? Enfin, je m'assieds sur le petit tabouret, tourne la cuiller dans la tasse, et regarde la lettre posée sur mes genoux. Je suis prête. Je peux l'ouvrir.

L'en-tête d'un vétérinaire : Éric !

Il y a plus d'un an, il fut le seul vétérinaire français spécialisé dans les chevaux à m'encourager à poursuivre mes recherches. Dès que j'eus obtenu l'accord du gouvernement namibien, je lui avais envoyé un mot, de Windhoek, pour lui annoncer que j'allais vivre auprès des chevaux.

« Jacqueline. N'ayant pas été informé de ton retour en France, je suppose que tu as rencontré les chevaux du désert, et que tu t'attardes auprès d'eux. Ce doit être passionnant !... Je tenais à te communiquer quelques-unes de mes réflexions, d'après les éléments que tu m'as décrits dans ta dernière lettre.

« Pour un chercheur du vivant (biologiste), l'existence de tels chevaux suscite de nombreuses questions : comment des équidés, supposés d'origine domestique, peuvent-ils s'adapter si vite et survivre si longtemps dans un environnement aussi rigoureux ? Par quelles modifications éthologiques, anatomiques, physiologiques, ces chevaux sont-ils devenus assez forts pour se reproduire ? Que peuvent-ils apporter à l'homme de science, à l'homme de cheval, à l'homme tout simplement, et à tous les autres chevaux ?

« Toutes ces questions ne peuvent trouver une réponse qu'au travers d'une démarche prudente et mesurée. Tu dois les regarder vivre et les écouter. Prends le plus de notes possibles, et, si tu le peux, rassemble quelques extraits de sable, des crins, des poils, des dents, des crottins secs... ce qui permettra une première analyse en laboratoire. J'espère pouvoir participer aux réflexions et aux projets concernant l'avenir de ces chevaux... »

Le plaisir qui m'envahit, en lisant cette lettre, est aussi grand que mon inquiétude. A peine me suis-je glissée dans la vie quotidienne de ces chevaux inconnus en Europe qu'on me parle, avec raison, d'analyse, de projets, d'avenir...

« Pour le moment, le plus important, c'est d'une part ce que ces chevaux peuvent nous apporter, d'autre part ce que les hommes doivent éviter de leur prendre...

« Contacte-moi dès ton retour en France... »

Je cohabite avec les « sauvages du Namib » depuis plus de deux mois, les observe, les touche, les contemple... et je vais bientôt devoir mettre au jour leur existence, en rapporter des pièces et des récits, trahir leur tranquillité sauvage ? Et si je gardais secrètement, pour moi, la richesse de cette parole de vie ?

Quelle terrible responsabilité ai-je endossée ?

Pour mettre un peu d'ordre dans mes pensées, je vais me dégourdir les jambes près de l'abreuvoir. La famille Les Sages vient d'arriver. Sans doute seront-ils de bon conseil, eux qui ne s'en laissent pas conter. Après tout, les chevaux ont bien le droit de dire leur mot dans cette affaire. Mais je ne suis pas à la moitié du chemin quand, devant mes pieds, une petite tête de couleur verte émerge du sable et me dévisage, immobile. Je m'arrête et observe à distance le trait noir que dessine sa bouche, son cou vert cru aux formes arrondies, peu empressée de goûter à sa morsure...

Il faut bien que le serpent me cède le passage. Je prononce un mot, esquisse un pas vers lui, mais rien ne semble l'effrayer. Je le contourne, sans le quitter des yeux, et m'approche doucement, jusqu'à le toucher du doigt. La nature a le génie du mimétisme. Car ce serpent est une plante. Une plante déguisée en serpent !

J'examine ses taches noires, sa peau lisse et brillante. Il n'y a pas de doute, c'est une plante verte, née dans le sable après la pluie. J'entreprends aussitôt de lui construire un petit rempart de cailloux : sans cela, je risquerais de lui marcher dessus, un soir, dans la pénombre. Elle mérite même que j'accomplisse un aller-retour jusqu'à l'abreuvoir. Un peu d'eau ne lui fera pas de mal. Le sable engloutit en un clin d'œil les quelques litres que je verse. La plante serpent prend son petit bain de pied.

Ce soir, le coucher du soleil est aussi voilé que mes pensées.

J'ai souvent l'impression d'être invisible, de pouvoir me fondre dans la foule ou dans le désert sans être remarquée. J'aime voir sans être vue, percer les secrets sans jamais me dévoiler, connaître les villes sans qu'elles me connaissent ! Je ne possède rien, ne souhaite rien posséder, mais ne veux pas non plus être possédée. Être présente au monde me suffit pour exister, je n'ai pas besoin, en plus, de laisser des traces derrière moi. Et c'est à moi que l'on va demander de révéler ma connaissance intuitive des chevaux libres ? Je devrais prendre une part de responsabilité dans leur avenir ?

Il est vrai que la Namibie sort à peine de la guerre, que le pays construit sa liberté, que tout va changer, évoluer, surgir de la pénombre. Ces bouleversements ne peuvent être que positifs : l'apartheid est enfin abrogé, les droits de l'homme vont triompher. Comment refuser le progrès ? Pourquoi le soupçonner *a priori* d'être plus dommageable à la nature sauvage que l'immobilisme ? Ces chevaux « oubliés » ne peuvent pas rester une exception à la marche de la planète. Mais, dira-t-on, les chercheurs, les investisseurs, les tour-opérateurs vont débarquer un jour ou l'autre, et vouloir rentabiliser ce qui devrait rester à l'écart de toute spéculation : l'être humain a besoin de mettre son nez partout, de s'imposer, de contrôler, de prendre le pouvoir.

Pourtant, qui a mis ces chevaux dans le désert, sinon l'homme ? Et qui les y a retrouvés, sinon l'homme ? Imaginons que l'on découvre un jour, sur une île déserte, les rescapés de quelque naufrage survenu au début du siècle ; ils se seraient reproduits et auraient élaboré un système de survie efficace : faudrait-il laisser ces Robinson à leur solitude et à leur dénuement, sous prétexte qu'on doit respecter leur liberté et ne pas rompre un équilibre « naturel » ? Devrait-on taire leur histoire, et ne pas dévoiler au reste de l'humanité ce qu'elle a d'exemplaire, sous prétexte que la publicité risque de civiliser leur sauvagerie ? Quoi qu'il en soit, si ce n'est pas moi qui fais valoir ce que ces chevaux ont d'exceptionnel, un autre le fera à ma place – et, peut-être, sans s'embarrasser de scrupules.

Ce morceau de désert encore inviolé, ces plantes, ces animaux me fascinent. L'extrême rudesse du Namib révèle l'extraordinaire force de vie qui les habite. C'est elle qu'il faut protéger et célébrer. Ne pas s'y employer serait criminel.

Lorsque je replie la lettre dans son enveloppe, j'ai l'impression paradoxale d'être... une prune. Ou, plus précisément, une mirabelle, à la peau claire et fragile, perméable, parsemée de taches de rousseur... à la chair qui pleure dès qu'on la presse. Avec aussi, au plus profond, ce noyau dur et solide qui protège l'amande, la seule part de vie intime, inviolable, que la nature ait inventée.

19

Je n'ai plus le temps de parler avec les chevaux.

Maintenant que le désert leur offre mille tentations, ils ne s'attardent guère au point d'eau. Comme d'habitude, ils passent étancher leur soif tous les deux ou trois jours, mais ils repartent en toute hâte. Ils ont mieux à faire, à présent, dans les « jardins du désert ».

Certes, le cheval libre a d'autres préoccupations que celle de communiquer avec l'homme. Mais sa sociabilité et sa curiosité pacifique l'en rapprochent, parfois. La cohabitation permet de mieux comprendre leurs impulsions naturelles, leurs tendances innées, beaucoup plus exacerbées que chez les chevaux domestiques. Les secrets que gardaient les chevaux du désert se dévoilent, les questions qu'ils suscitaient trouvent leurs réponses, et... la part de rêve qu'ils nous réservaient se rétrécit. Mais les réalités simples de la nature ne sont-elles pas une source de vie aussi importante que l'imaginaire ?

A présent, leurs visites hâtives me compliquent la tâche : comment identifier à coup sûr chaque cheval, alors qu'à peine arrivé il repart ? Les familles qui me paraissaient stables sont en plein bouleversement, de nouveaux couples se forment, des poulains sont nés... Un nouveau recensement s'impose. Il me permettra aussi de vérifier mes premiers comptes.

Le vent qui souffle sans relâche, cherchant à emporter les pages de mon fichier, rend les séances de notes acrobatiques. Mais il faut tenir bon, même si je suis parfois tentée d'abandonner. Dans certaines circonstances, on parvient à tirer de soi une discipline d'une rigidité telle qu'on se demande où on est allé la chercher. Le désert sanctionne lourdement l'amateurisme et les à-peu-près, et il ne saurait être question de ne pas se plier à certaines règles élémentaires. Mais je les ai choisies. Si cette intransigeance m'était imposée par quelqu'un d'autre, je ne la supporterais pas !

Depuis le lever du jour, je n'ai pas manqué un seul visiteur. Avant même le premier rayon du soleil, le bruit des sabots sur le sable, dont les vibrations se transmettaient à mon oreiller, m'ont obligée à me secouer pour m'engouffrer dans le vent froid. A 11 heures, sous la canicule, le ventre vide, j'étais encore perchée sur mon rocher préféré, à noircir les pages de mon carnet. C'est à peine si j'avais eu le temps de m'échapper quelques minutes, pour aller chercher mon chapeau au campement.

Maintenant, le soleil est au zénith. Pas un souffle de vent. Plus un seul cheval non plus. Cruelle chaleur !

En traînant les pieds, je remonte vers ma tente avec une seule obsession : retrouver un peu d'ombre, et de quoi boire. Je me jette sur ma gourde en toile, qui maintient au frais l'eau purifiée que j'y verse régulièrement, suspendue au trépied : elle est vide ! Il ne me reste plus qu'à sortir l'une des dernières bouteilles de bière, rangées précieusement au fond de la malle garde-manger. Elle est chaude... mais tant pis, j'ai trop soif. Étendue à plat ventre, à l'ombre, sur la natte, le menton appuyé sur la paume de la main, les yeux levés vers l'horizon, mon regard se noie dans la brume de chaleur qui danse sur le désert saturé de lumière.

16 h 30. Le défilé des chevaux a repris, bientôt troublé par le bruit lointain d'un moteur. Encore une lettre ? Je me précipite au sommet de la dune et scrute l'horizon avec mes jumelles : c'est la Land de Wilfred. Mais il n'est pas seul... Un véhicule blanc le suit à faible distance. Selon son habitude, le *ranger* monte jusqu'au campement à pleine vitesse.

« Je vous ai amené un compatriote ! »

Un compatriote ? Voilà un mot qui ne réjouit guère les esprits nomades...

« C'est un reporter-photographe venu de France. Il faisait le plein d'essence au village. Il a entendu parler de vous à Windhoek, et il cherchait à vous rencontrer. »

Le nouveau venu se présente : « Alfonso. » Il tient déjà son appareil photo à la main.

Wilfred rappelle discrètement que l'entrée sur ce territoire nécessite une autorisation du gouvernement.

« Je retourne au village. Vous n'aurez pas de difficulté à retrouver le chemin du retour ? »

Alfonso lui promet de ne pas s'attarder.

La présence d'un nouvel être humain dans ce pays hostile ravive mon énergie éteinte et me redonne courage. Si l'on vient d'aussi loin, si l'on se donne tant de mal pour voir la femme qui a vu les chevaux, c'est donc que mon entreprise n'est pas vaine, et qu'elle peut même se révéler utile pour d'autres que moi. Mais le Coca-Cola frais qu'a apporté le photographe n'est pas non plus étranger à ce regain de vitalité...

La fin d'après-midi se déroule en conversations passionnées – sur la Namibie qu'il découvre, sur les chevaux –, entrecoupées par mes allées et venues au point d'eau, qui me semblent aussi faciles qu'au premier jour. Je m'en excuse auprès d'Alfonso, mais je ne peux arrêter mes observations, sans quoi tout serait à recommencer. Il ne s'en plaint pas : planté derrière son téléobjectif monté sur un trépied, devant le campement, il en profite pour prendre des images des chevaux.

Au soleil couchant – l'heure de pointe –, je suis retenue un long moment près de l'abreuvoir, et je remarque qu'Alfonso ne perd pas son temps : les flammes de mon feu de camp ont repris vie. Le solitaire a tout prévu, son véhicule est chargé de victuailles. Ce soir, le menu se compose de spaghettis à la bolonaise arrosés d'un vin rouge d'Afrique du Sud – autant dire caviar et champagne.

Puis ce souffle venu de l'extérieur s'est dissipé. Le visiteur impromptu a poursuivi sa route, dans la nuit. Il se dirigeait vers la mine de diamants où on l'attendait pour le reportage qui était le but premier de son voyage dans le désert.

Les lézards ont repris leurs chants rythmés. Ils semblent cachés derrière chaque pierre et se taisent dès que j'approche. J'aimerais tant en voir un.

A la faible lueur des braises encore chaudes, ce soir, c'est la Namibie tout entière que je voudrais connaître.

20

Turbulent ne passera pas la nuit. Le blessé a cessé de lutter : ses forces l'ont abandonné. La carcasse inanimée tient encore debout sur ses trois pieds, près d'un buisson, au bas de la grande dune. Pour les prédateurs, c'est devenu une proie facile.

Je l'observe, impuissante. La nature a une âme sauvage. Les animaux, eux, ne se plaignent pas. Mais comment ne pas être attendrie en voyant cet être partir : il a senti la main de la mort lui toucher l'épaule, et lui ordonner de se mettre en route pour le rendez-vous.

Turbulent a lutté pendant des jours, avec cette force inouïe qui jaillissait au plus profond de lui et semblait inépuisable : l'instinct de survie.

Dans l'ardeur du combat, lorsque la jeune pouliche en chaleur s'était réfugiée près de sa mère, à l'écart du point d'eau, c'était lui qui affrontait, brillant et valeureux, le chef des Trois Huit. Alors qu'il s'apprêtait à fuir, le vainqueur lui avait décoché un coup de pied dans la hanche gauche qui lui avait brisé la rotule. Il s'était effondré sur le sable.

Turbulent s'était relevé, sur trois pieds, et s'était dirigé vers l'abreuvoir. A chaque pas, son encolure jouait le rôle de balancier, pour compenser l'appui refusé par la jambe invalide. Je m'étais approchée de la source, qui l'attirait comme un aimant. Son corps meurtri par la bataille ne portait que des blessures légères, mais une ouverture béante laissait sa rotule à vif. A chaque effort, la plaie crachait un jet de sang. Sans se préoccuper de ma présence, il s'était désaltéré, longuement, les yeux mi-clos.

C'est alors qu'une bande de jeunes mâles excités le prirent pour cible, cherchant à le soumettre à la hiérarchie du groupe, comme le font les jeunes célibataires en manque de femelles. Turbulent les repoussa avec la vigueur d'un perdant qui joue ses dernières cartes.

Je me trouvais bien démunie face à cette situation. Mais ce fut plus fort que moi : je m'instituai sur-le-champ garde du corps de Turbulent. Aussitôt, je sentis monter en moi une énergie dont j'ignore où est située la source, mais qui me rendit intrépide. Je me lançai à l'assaut de la bande de loubards, et m'acharnai sur eux jusqu'à ce qu'ils prennent la fuite.

J'allai remplir une gourde d'eau bouillie sous ma tente et me lançai sur les traces du blessé. Je voulais l'accompagner, savoir où son instinct le conduirait. Tous les deux ou trois pas, il marquait un temps d'arrêt et scrutait l'horizon. Il paraissait à l'affût du moindre bruit, de la moindre présence.

Il m'accepta à son côté, à condition que je garde mes distances. Le moindre effort devait le faire souffrir, mais il trouvait en lui une vigueur inattendue. Chaque caillou était un obstacle qu'il contournait. La plus petite herbe lui semblait digne d'attention : il s'arrêtait, se contorsionnait pour l'attraper, puis la mâchouillait lentement.

Pendant six heures nous avons avancé ainsi, jusqu'au pied d'une dune verticale et nue, qu'aucun cheval n'approcherait. C'était sans doute la raison pour laquelle Turbulent avait choisi de venir ici : il voulait s'isoler. L'invalide avait décidé de se retirer du troupeau pour trouver la tranquillité. Son œil serein me bouleversait. Point de tristesse dans son regard, point de sentiment.

Je le quittai avant la nuit.

Trois jours plus tard, à la même heure, je vis la silhouette claudicante reparaître près de l'abreuvoir. Turbulent n'avait pas cédé à la facilité de se laisser aller. Ses flancs étaient creusés par la soif ; sur ses côtes et ses hanches, son poil s'était terni ; sa jambe blessée était recroquevillée sous son ventre, et sa plaie suppurait à chaque pas. Où trouvait-il la force de survivre ? Pour lui éviter de trop se fatiguer, je passais des heures à cueillir des brins d'herbe que je déposais sous son nez. C'était tout ce que je pouvais faire pour lui. Mais il refusait d'y toucher, sans doute parce qu'ils étaient imprégnés de mon odeur.

Puis il repartit, par le même chemin, en direction de sa cachette. J'espérais, sans trop y croire, qu'il s'en sortirait : son acharnement à vivre était si grand qu'il pouvait, à lui seul, accomplir la guérison.

Je m'attendais donc à le revoir. Mais au cinquième jour, comme il n'avait toujours pas reparu, je suis allée à sa recherche. J'ai suivi ses empreintes confuses, sur plus de cinq kilomètres, et je l'ai retrouvé, près d'un buisson, debout, le regard éteint. Plus aucun réflexe ne l'animait. Il s'était laissé glisser dans le bien-être du repos définitif. Il n'avait plus le choix.

Je restai assise un moment près de lui, et lui racontai des histoires de chevaux que j'avais connus, dans des pays qui ne ressemblaient pas au sien... Puis je m'en retournai vers mon campement.

Plus d'une fois, j'ai tenu la main de ceux qui partaient. C'est un geste d'adieu, entre des êtres qui se connaissent à peine, mais que la mort sépare déjà.

Mon premier voyage en Afrique m'avait ouvert les yeux. C'était la première fois que la mort était présente autour de moi, ouvertement, sans cérémonies.

Ce fut cette famille, au Mali, qui venait de perdre un enfant de quelques mois, emporté en trois jours par la maladie. Personne ne le pleurait. « Ce n'est pas un malheur, c'est le destin », disaient-ils. Ils avaient tout tenté pour le sauver, mais la maladie avait été plus forte. « On en fera un autre », disait la mère.

Ou bien ce fut cet hippopotame furieux qui attaqua la pirogue sur laquelle nous descendions le fleuve Niger. Le piroguier, effrayé, tremblait et laissait glisser l'embarcation vers la rive. Son chef s'était agenouillé sur le fond et disait sa prière, face à l'est. J'étais figée dans l'ignorance, en silence. Dans ma tête, c'était le vide total : pas une pensée, pas un sentiment, mais pas de résignation non plus. J'observais simplement l'animal, d'un regard froid, extérieur, comme si je n'étais pas concernée par ce qui se passait, alors qu'en vérité j'étudiais ses réactions, tentais de les anticiper et de déterminer quelle était la berge la plus proche s'il fallait gagner notre salut à la nage... Soudain, aussi brusquement qu'il avait foncé sur nous, l'animal avait lâché prise et s'en était allé.

Mais, en Afrique ou ailleurs, c'est la solitude qui préside à ces moments-là. Un jour, en montagne, j'étais descendue de cheval, attirée par de magnifiques chutes d'eau. Je grimpais dans le couloir rocheux de la cascade, et me retrouvais bientôt sur un rocher glissant, couvert de mousse, à plus de dix mètres de hauteur. Était-ce le vertige, le manque d'expérience de l'escalade ? En un instant, j'avais perdu ma belle assurance et me retrouvais paralysée sur mon perchoir. L'eau qui, un moment plus tôt, dans les bassins qui l'accueillaient, m'avait offert sa calme transparence, ces rochers qui semblaient m'appeler, se mettaient maintenant à jouer seuls contre moi.

Je ne pouvais pas lâcher prise, mais je tenais bon. Je croyais posséder le temps et l'espace, comme une bête possède une proie qui va lui échapper. Bientôt, mes doigts puis tout mon corps se mirent à trembler. Mon énergie fuyait. J'étais à bout de forces, j'avais peur, mes muscles ne répondaient plus. La chute me paraissait inéluctable. Alors, tout bascula dans mon esprit : tant pis, pensai-je, la lutte est finie, je me laisse aller, c'est la seule solution. Étrangement, cette décision me soulagea et dissipa ma peur. Mon corps, devenu mou, se plaqua sur toute la surface du rocher. Il n'avait plus besoin de s'agripper, il tenait, seul, comme s'il avait fait partie de la montagne. Il s'était réconcilié avec la roche.

Je me suis laissée déraper sur la mousse ; mes ongles se sont plantés où ils pouvaient ; la pierre m'a égratignée, mais je me suis retrouvée en bas, saine et sauve.

Je n'avais pas vécu des secondes tragiques, mais des secondes simples, durant lesquelles je ne dénombrais plus le temps et ne mesurais plus l'espace. La mort, l'instinct n'en veut pas.

Je n'étais pas triste parce que Turbulent était parti, mais bouleversée par la force qui l'avait aidé à lutter, et qui maintenant l'avait abandonné.

Lui, il n'avait pas laissé le destin décider seul de son avenir... Cet instinct de survie est sans doute la réalité la plus admirable à laquelle on puisse être confronté sur cette terre. Il n'est pas plus puissant que la mort, puisque c'est elle, toujours, qui a le dernier mot. Mais il la nargue et se dresse contre elle, il la met en échec, pour quelques jours, pour quelques heures – et c'est là tout ce qu'il nous est donné d'accomplir ici-bas.

21

La plus grande part de leur prestige, les chevaux la doivent à l'homme – à moins que ce ne soit l'inverse, et peut-être l'homme n'est-il, après tout, que « la plus noble conquête du cheval ». Les chevaux du Namib nous le laissent entrevoir, eux qui nous fascinent justement parce qu'ils ont su se débrouiller sans nous (comme si nous étions vraiment ce qu'il y a de plus indispensable), et qui ont encore l'élégance de ne pas répondre à notre ingratitude par de l'indifférence.

Dans tous les pays que mes métiers successifs m'ont permis de visiter, je me suis intéressée à la « condition chevaline », qui, sur cette planète, n'est pas moins variée que la condition humaine : les traditions équestres au Maroc, les techniques de l'équitation américaine, les métiers du cheval en France, les rites amoureux des chevaux libres du Vercors, le Palio de Sienne (fameuse course de chevaux séculaire), l'histoire des chevaux de la poste allemande, autant d'occasions d'apprendre et de découvrir, autant de témoignages sur l'histoire, les mentalités, la géographie, etc.

Bien sûr, dans cet éventail, il y a le meilleur et le pire. Mais toutes ces richesses du patrimoine équestre méritaient d'être vues et racontées. Aussi ai-je commencé à écrire... et je me suis décidée à prendre des images.

A l'origine, je n'avais guère confiance en la photographie. Sans doute lui reprochais-je de ne donner qu'une vision superficielle des choses, quand l'écriture permet d'entrer plus en avant dans les nuances. Mais, petit à petit, je me laissais gagner par la puissance des images, dont, toujours, les protagonistes étaient des chevaux. Grâce à la rédactrice du magazine et à la directrice de l'agence de presse avec lesquelles je collaborais, je fus encouragée à persévérer et à m'équiper plus sérieusement.

En quelque temps, loin d'avoir acquis la technique des photographes professionnels, je fournissais des reportages publiables. Dès lors, mon appareil photo allait devenir un inséparable compagnon.

En 1990, mon attention fut attirée par l'un de ces événements dont les quotidiens ne parlent qu'en trois lignes, dans les dépêches en vrac au bas des colonnes : « L'infâme guerre au Mozambique... », « Maputo et les villes protégées débordent de réfugiés sans ressources... ».

D'habitude, on lit ces entrefilets avec autant de distance que s'il s'agissait d'une explosion de gaz dans un pavillon de banlieue. On ignore tout du pays en question, de son régime politique, de ses rebelles et de ses réfugiés. On a beau se reprocher son ignorance, on ne connaît que rarement quelqu'un qui y soit allé, quelqu'un qui vous parle de Maputo ou des suites redoutables de la colonisation portugaise au Mozambique. Et pourtant, ce jour-là, je relisais ces lignes en pensant à des marins que je connaissais, partis en mission humanitaire dans le canal du Mozambique.

Pendant cinq ans, les initiateurs du projet, un couple, pour qui « la mer était encore plus forte que le navire », avaient retapé un vieux sardinier de quarante mètres de long, en pensant mettre le cap sur l'océan Indien. Alors que je sillonnais les pontons du port de Marseille, Antoine, le capitaine baroudeur, et Michelle, sa femme médecin, s'entouraient d'une équipe d'infirmiers et de techniciens pour mener à bien leur mission : approvisionner et soigner les réfugiés entassés sur les côtes et sur les îles.

En Europe, on avait un peu parlé de ces navigateurs sans frontières devenus missionnaires. J'avais eu vent de ce projet, et je voulus en savoir plus. Comment ces hommes et ces femmes vivaient-ils leur passion à bord du bateau ? Tel fut le thème que je soumis à mon agence de presse, qui me répondit aussitôt : « Le sujet nous intéresse. L'angle que vous avez choisi aussi. » Il ne m'en fallut pas plus pour que j'entre en contact avec le bateau par la radio maritime et que je prenne un billet pour Maputo, la capitale du Mozambique. Pour la suite, j'étais assurée que des avions taxis me permettraient de rejoindre un village où je pourrais monter à bord.

Michelle et Antoine me reçurent à bras ouverts. Depuis deux ans, pour eux, les visites étaient aussi rares que les nouvelles d'Europe. Ils me mirent tout de suite dans l'ambiance : à bord, tout le monde devait se rendre utile; je serais donc « intendante ». Je prenais en charge l'approvisionnement en denrées fraîches et l'organisation des tâches ménagères, qui seraient accomplies à tour de rôle par les équipiers.

Après avoir passé trois mois à bord du sardinier, le travail acharné fourni par les douze membres d'équipage ne m'avait toujours pas convaincue des résultats de cette mission. Mais les eaux agitées du canal du Mozambique étaient aussi séduisantes que ses îles. Et la vie des marins ne manquait pas d'intérêt. En pleine mer, je circulais de pont en pont, et, au fond de la cale, allais rendre visite à Corinne, l'infirmière, qui cachait sa timidité sous sa longue frange châtaine. Quoi qu'il advînt, elle tenait le coup. La mer pouvait se déchaîner, les perfusions se balancer, les malades se plaindre, elle restait à leur chevet.

Nous faisions souvent escale sur l'île d'Ibo, qui était aussi petite que plate. Loin du continent et de ses turbulences, les insulaires jouissaient d'un climat paisible, au milieu des cocotiers et de milliers d'oiseaux. Là, toute la journée, le médecin et les infirmières soignaient les malades, les techniciens s'affairaient à la réfection de l'infirmerie, les marins à l'entretien du bateau... Hélas, sur Ibo pas plus que sur les îles voisines les infirmeries n'étaient équipées pour soigner les cas de malaria, de tuberculose ou de malnutrition. Il fallait traverser l'océan pour atteindre le continent.

Les nécessités de la navigation rythmaient la vie des douze équipiers volontaires, mais pas bénévoles. Pour la plupart ils sortaient de l'école et faisaient un apprentissage de six mois « sur le terrain ».

Michelle, le médecin chef, ne manquait pas de détermination, ni d'obstination. Une fois, même, elle n'hésita pas à dérouter le bateau pour sauver la vie d'un homme. C'est d'ailleurs à cette occasion que, pour la première fois, je me retrouvai à la barre d'un sardinier.

Thierry, le marin de quart, était descendu en cuisine, après m'avoir donné toutes les consignes pour suivre le cap. Je me laissai alors prendre par un sentiment de puissance et d'orgueil. Pour rien au monde je n'aurais voulu que le capitaine prenne son quart de minuit... Mais, lorsque les choses se compliquèrent et que l'on approcha de la côte, Hervé, le second du capitaine, reprit son poste, avec l'assurance d'un vieil officier au long cours. Il réalisait des exploits pour mouiller l'ancre à proximité des plages et des ports en ruine, sans s'échouer sur les sables des hauts-fonds.

Alors les plages désertes s'animaient. Les enfants se rassemblaient sur les squelettes de véhicules abandonnés, les hommes, torse nu, s'avançaient dans les vagues, les femmes hurlaient de joie : « Le bateau du docteur arrive ! » A peine débarqués du Zodiac, qui seul pouvait atteindre la terre ferme, nous portions les brancards sur les sentiers sablonneux qui remontaient entre les huttes, sous les palmiers et les baobabs, jusqu'à l' « hôpital de campagne ».

L'escorte était un véritable cortège de joie : gamins en guenilles pétillant de santé, mères de famille coiffées de tissus colorés, unijambistes, jeunes filles à l'époustouflante beauté, tous marchaient jusqu'au pied de l'escalier de béton, en haut duquel nous attendait le chirurgien local en blouse verte.

Entre deux murs lépreux, un rideau de plastique bleu ouvrait sur la salle d'opération : un bidon métallique rempli d'eau, une table recouverte d'un linge, un néon éteint au plafond et trois étagères vides collées au mur. Depuis plusieurs semaines, le chirurgien attendait le ravitaillement et les médicaments. Les derniers anesthésiques avaient été volés, sans doute par des infirmiers en quête d'ivresse. Et l'inefficacité de son travail le rendait morose.

Les yeux clairs de Michelle brillaient, comme toujours. Mais ils ne s'attardaient jamais sur les villages et sur leurs habitants. Sa vie entière était vouée à ceux qui avaient besoin de ses services, à eux seulement. Le fret transporté par le bateau était destiné aux plus nécessiteux. Et tout le village le savait. Les femmes qui n'avaient pas pu serrer la main du docteur blanc se plaignaient ; celles qui arrivaient trop tard à la distribution du savon geignaient, les enfants tendaient les mains et se mettaient à boiter... Tout le village avait appris à exagérer la misère.

C'est loin de l'hôpital, sous un baobab, au cœur du village, que l'on découvrait la vraie dignité de ces gens. Là, une fois exposés leur misère et leur manque de tout, lorsque les femmes comprenaient que je n'étais en rien responsable du déchargement de riz ou de savon, elles venaient s'asseoir à l'ombre, me racontaient la vie du baobab, envoyaient les enfants chercher des noix de coco et des papayes, ou m'invitaient à la préparation de leur repas. Et si l'avion couleur camouflage, bourré de bombes, survolait le village à basse altitude, elles me disaient tranquillement : « C'est pas pour ici. Les rebelles sont loin. »

A chaque escale, mon rôle d'intendante me transformait en cliente d'exception. Pour un jour, les petits vendeurs de poulets, de cocos, de papayes, vêtus de pantalons mille fois rapiécés, embauchaient de nombreux commis. C'est qu'il ne s'agissait pas de vendre un piment, une dose de cacahuètes ou deux tomates, mais une poignée, une brassée, des kilos. La recette de la journée dépassait la moyenne de la quinzaine ! En même temps, de jour en jour, les étalages s'enrichissaient de copeaux de savon et de petits tas de riz... tout ce qui, la veille, avait été donné aux mains tendues pour l'hygiène et la santé des enfants ! Dans cette Afrique des moustiques et des sentinelles, ourlée des sourires blancs de la charité, les gens vivent, prennent et donnent, comme partout ailleurs.

22

Les deux poulains qui, ce matin, galopent en tous sens en envoyant leurs pieds en l'air, tantôt à droite, tantôt à gauche, me rappellent la joie folle qui fait courir les enfants entre le panier d'osier et les ronces couvertes de mûres, comme si chaque fruit cueilli était un trésor concentrant tous les feux d'un monde enchanté, bien loin de la réalité des confitures qui se préparent…

La famille Bois Blanc se désaltère en silence. Le nuage ouaté qui feutrait le désert encore endormi est maintenant comme un mur mouvant et gris, qui avance à reculons. Le brouillard s'en retourne vers l'océan. Il est réputé, sur la côte namibienne, pour avoir causé d'innombrables naufrages : « La côte des Squelettes », tel est son nom.

C'est la fraîcheur de l'Atlantique qui en est responsable. L'eau y est en permanence à 14 °C. Le « courant du Benguela », venu du pôle Sud, fait remonter les eaux profondes du large. Le contraste entre ce flux réfrigérant et la chaleur des dunes brûlées par le soleil provoque une inversion de température dans les basses couches de l'atmosphère, qui se traduit par un phénomène de condensation. Chaque matin, ou presque, un toit humide se forme sur le désert.

Ce brouillard nourricier n'était jamais venu jusqu'ici, depuis mon arrivée à Garub. La toile de tente est ruisselante, l'air saturé d'humidité : l'aiguille de l'hygromètre, affolée, ne décolle pas des cent pour cent.

La bande de célibataires sans scrupules qui arrive au galop bouleverse l'ordre établi autour du point d'eau. Le mâle Bois Blanc, qui rassemble ses juments en hâte, s'acharne sur sa brune récalcitrante. L'encolure tendue vers le bas, les oreilles couchées, il la guide par l'arrière sans la lâcher d'un pas. La malheureuse mère ne peut se résigner à partir sans son poulain qui, indifférent au remue-ménage, batifole dans une flaque d'eau. Il doit avoir trois mois.

Grâce à diverses feintes, elle parvient à déjouer quelques instants l'autorité du mâle et accourt en hennissant. Mais les séducteurs ont bel et bien semé la panique. Les juments d'un autre groupe hennissent à leur tour. Le mâle revient chercher sa belle avec une fermeté accrue, sans lui laisser le choix : mieux vaut garder à soi une femelle fertile qu'un petit distrait. Le poulain a entendu le signal, mais il ne semble pas reconnaître la voix de sa mère. Il tourne autour des chevaux, perplexe, s'approchant de l'un, puis de l'autre. La mort dans l'âme, sa mère a fini par prendre la route.

Il comprend vite qu'il s'est mis dans un fichu pétrin. Le malheureux va, reniflant, de cheval en cheval, mais personne ne veut de lui. Il ne reçoit que des menaces de coups. Lorsque la dernière famille s'en va, petit Bois Blanc essaie de s'immiscer entre une jument et son poulain. Mais, là encore, on le rejette sans ménagements. Aucune jument n'accepte l'enfant d'une autre.

Il s'en retourne alors au point d'eau, seul. Ses hennissements désespérés ne se taisent plus. En fin de matinée, à bout de souffle, il s'effondre sur le sable devenu brûlant. Je le laisse dormir paisiblement, mais, tout en classant mon fichier, je me demande, inquiète, ce qu'il va advenir de lui.

A son réveil, je m'approche doucement. Il s'échappe. Je m'assieds, il s'arrête. Je me relève, il a peur de nouveau. Je reste assise plus longtemps, il vient me renifler. Alors, comme l'aurait fait son père, je le guide par l'arrière, à petits pas, vers le campement. Devant l'entrée de la tente, où il m'attend sans bouger, j'ouvre une boîte de lait concentré sucré que je lui présente. Son encolure s'étend, ses yeux, méfiants, brillent... Il la flaire. J'en profite pour barbouiller ses lèvres de lait. Il se pourlèche puis vient directement à la source. Ses dents se serrent doucement sur mes doigts dégoulinants de ce liquide collant. Le poulain audacieux tète. En un instant, le gourmand a avalé tout le contenu de la boîte.

Il ne semble plus décidé à partir, et il attend la suite. Je ne peux que lui montrer la boîte vide et mes doigts collants. Alors il s'en retourne au point d'eau, trempe ses lèvres plusieurs fois, puis s'en va, seul, sur le chemin des dunes. Le désert va prendre ce petit être fragile. Je n'espère pas le revoir.

Plusieurs jours ont passé, et la famille Bois Blanc n'a pas reparu. Mais, ce matin, je dois me frotter les yeux pour le croire : les Bois Blancs arrivent par la plaine, au grand trot. Et la famille est au complet !

Le poulain suit la troupe, à la traîne. Par quel miracle a-t-il pu retrouver sa mère ? On peut tout imaginer. Sous son poil épais, mes doigts palpent ses côtes, une à une. Il a maigri. Le rescapé se tient immobile devant moi, près du point d'eau, mais ses membres sont secoués de tremblements convulsifs. La séparation a dû être longue, et sans doute a-t-il souffert pour rejoindre sa mère. Mais il a démontré un courage, une endurance, un entêtement hors du commun, et il a toutes les chances de s'en sortir.

Je passe des heures à classer les dernières informations. Le nouveau fichier est barbouillé de couleurs, mais j'approche du but : les plus grandes familles sont restées stables. Ce sont plutôt les petits groupes qui ont changé de structure. Le total du second dénombrement m'annonce que douze poulains sont nés, ce qui fait un total de trente-trois pour cette année ; mais quatorze chevaux manquent à l'appel.

Moi qui ne me suis jamais attachée aux choses et qui n'ai jamais rien su conserver, le simple fait d'avoir dressé des listes de chevaux, d'avoir identifié les familles, de leur avoir attribué des noms, me donne l'impression d'avoir amassé un trésor. Mais ce n'est pas assez. Il est temps que je me décide à suivre les conseils d'Éric, le vétérinaire... même si la destinée de ces arpents de désert n'est pas encore fixée.

Hélas, le temps qui m'était accordé par le gouvernement namibien touche à sa fin. Plus les jours passent, plus je ressens le besoin de faire connaître la vie de ces chevaux extraordinaires ! C'est peut-être l'unique façon de susciter le respect que les hommes leur doivent, de protéger leur avenir, leur territoire et leur liberté.

Avant la grande chaleur, je suis retournée à pied jusqu'au tas d'ossements que nous avions contourné en voiture, avec les *rangers*, à quelques kilomètres d'ici : les malheureux chevaux abattus par le gourou braconnier de Keetmanshoop y gisent, dans la seule sépulture du ciel. Les squelettes entremêlés d'un mâle, de deux juments et d'un poulain de moins de un an forment un tas immonde. Le cuir, encore recouvert de poil, est devenu aussi rigide que du bois sec. On voit encore les impacts de balles de fusil tirées entre les deux yeux. Environnée d'une odeur horrible, j'ai pu détacher quelques paires de molaires et d'incisives, sur chacune des mâchoires, avant de quitter les lieux en toute hâte.

Les boîtes en carton des crèmes de fromage, les boîtes de conserve et de café se remplissent et s'entassent au fond de la malle. Comme je ne voulais pas salir le désert, je n'ai rien jeté depuis que j'habite ici. J'ai donc conservé tous les emballages en songeant que, dans un campement aussi rudimentaire, ils finiraient bien par trouver leur utilité. Aujourd'hui, je me félicite de ma prévoyance. Sur chaque boîte, j'inscris la provenance de son nouveau contenu : « Crins de Bagarreur. Environ six ans. Superbe condition » ; « Poils de la jument des " étoiles ". Suitée d'un poulain de moins de six mois. En mauvaise condition. Toux grasse »... et ainsi de suite pour les dents, les crottins, des sabots. J'emporterai un peu de sable, une bouteille d'eau, un herbier... Et, ce qui n'est pas quantifiable, des images, des souvenirs, des journées de bonheur offertes par le désert.

23

Samedi matin. Je sors de l'abri. Le soleil se lève, et le ciel se teinte d'un rose pastel. Aucun cheval ne s'est encore présenté à l'abreuvoir. Le désert se réveille lentement. Un jour comme les autres ? Pas tout à fait, non. Ce soir, je serai loin, dans un autre monde. Je dormirai entre quatre murs, dans un vrai lit, à l'hôtel du village. Ici, la vie continuera, sans moi.

Wilfred va venir me chercher dans l'après-midi. Ce petit coin de désert m'a offert quelques-uns de ses secrets. Il me reste un long chemin à parcourir pour les comprendre tous.

Je m'en vais. Les chevaux ont-ils eu vent de la nouvelle ? Justement, voici Les Sages qui approchent. Quelle heureuse surprise ! J'aime ce couple qui paraît avoir reçu l'enseignement du désert, et incarner sa philosophie. Il reparaît, après six jours d'absence. Et pour cause. Ils arrivent à trois.

Les deux parents, dont les flancs sont creusés par la soif, traînent leur nouveau-né exténué. Ils ont dû parcourir un long chemin et sont tellement épuisés qu'ils s'arrêtent tous les cinq ou six pas. Pendant que le père, immobile, laisse naviguer son regard entre l'eau et ses deux protégés, la mère rebrousse chemin pour retrouver le retardataire qu'elle encourage délicatement du bout du nez. Le petit se décide à avancer, mais il lui reste à peine assez de forces pour soulever les pieds et couvrir cinq ou six mètres... au bout desquels une nouvelle halte est décrétée.

Leur patience est magnifique. Malgré la soif qui les tenaille, ils restent calmes et entourent leur progéniture avec douceur. Plus que quarante mètres avant d'atteindre l'eau, trente, quinze... le poulain s'effondre sur le sable. L'échange de regards entre les deux amoureux signifie : « Maintenant, on peut y aller. » Côte à côte, sans précipitation, ils enjambent les pierres, étendent leur encolure et plongent le nez dans l'eau. Les graduations archaïques que j'ai installées depuis quelque temps dans l'abreuvoir m'apprennent qu'ils ont bu à eux deux soixante-dix-sept litres.

La chaleur est devenue torride. Entre 11 heures et 17 heures, le désert est figé par 52 °C à l'ombre. Ici, tout le monde profite de la fraîcheur du matin ou du soir pour s'activer. Même le vent, qui souffle de plus en plus rarement.

Les Sages sont toujours là. Le mâle va et vient, le nez dans le sable, à grappiller ce qu'il trouve. La mère est retournée boire à deux reprises. Mais elle n'a pas quitté son poste : debout, l'encolure basse et les yeux mi-clos, ou couchée « en vache » près de son protégé ; lui, toujours allongé sur le sable, ne s'est mis sur ses quatre pieds que pour quelques tétées.

Le camp est démonté. Les deux malles sont prêtes. Par crainte d'avoir dérangé le désert, j'ai effacé toutes mes traces, répandu les cendres, ensablé le compost, et salué la plante serpent qui se porte à merveille.

Le père Sage est en train de perdre patience : ses pas se font plus pressants. Il a décidé de prendre la route. C'est la première fois que je vois un père se charger de lever son poulain : en douceur, mais avec détermination, il le secoue du bout du nez jusqu'à obtenir la remise sur pied du maladroit, qui vacille, mais se trouve maintenant bien obligé de suivre le mouvement qui s'amorce.

Ils s'en retournent sur le chemin des dunes. Moi, je grimpe dans la Land-Cruiser qui s'élance sur la piste du village.

Je ne sais pas quand je reviendrai.

A l'écart de sa famille, il glane le moindre brin d'herbe oublié.

Instant de tendresse paternelle.

Merveille des merveilles, la pluie et son printemps instantané.

Pour effectuer leur dénombrement, il faut les approcher de près.

Point d'eau éphémère
après les pluies.

Des semaines de patience pour les recenser.

Emotif, peureux, fuyant, le cheval est pourtant un animal sociable.

Miracle de la survie
et exemple étonnant
de l'adaptation
au désert.

Altercations autour du point d'eau de Garub.

Chevauchée en compagnie des Himbas.

A la rencontre
des Himbas,
au Nord
de la Namibie.

Le château de Duwisib,
construit en 1907
par le baron von Wolf,
Officier de Guillaume II
et éleveur de chevaux.

24

Ne serait-ce pas cela, le vrai désert ? Ce ciel gris de pollution, cette lumière toujours voilée, cet air immobile, stagnant, cette foule qui se bouscule et se précipite dans des espaces clos, ces gens qui se croisent sans se saluer, ces regards qui se fuient. Mes yeux, mes oreilles sont assaillis par les informations tapageuses, contradictoires. J'ai retrouvé la ville.

Je m'installe dans l'appartement vide d'une amie, déménage dans un meublé avec jardin, sous-loue une chambre de bonne... Peu m'importent le décor et la superficie. Il me suffit d'un petit coin intime, sous un toit, où je puisse poser mon sac, mon « trésor », et trouver la tranquillité pour vivre Paris en hiver.

J'ai apporté mes pellicules au laboratoire photo. J'avais l'impression de leur confier ma vie même. Inutile de dire combien je suis impatiente de découvrir le résultat. Mais je ne veux pas m'installer dans l'attente ni me donner le temps de souffler, et je me lance sans tarder dans la bataille. Décembre, c'est le mois du Salon du cheval. Voilà plusieurs années que je n'y suis pas allée, mais la manifestation a dû conserver son prestige, puisqu'elle rassemble tous les professionnels. C'est l'occasion idéale de faire connaître les chevaux du Namib. Je téléphone à la direction.

« J'ai rapporté quelques photos de chevaux extraordinaires... et j'aimerais organiser une exposition dans la salle de presse. Serait-il possible que nous nous rencontrions ?

– Nous n'avons pas encore terminé l'agencement des deux salles d'accueil, et nous n'avons pas pensé les décorer. Mais pourquoi pas ? Venez nous montrer vos photos, et nous déciderons. »

Ça y est. Le premier pas est fait. Je suis prête à livrer les secrets du désert. Mais, depuis mon passage dans les bureaux de la protection de la nature à Windhoek, je n'ai plus aucun doute sur la nécessité de mes démarches.

En prenant connaissance du premier rapport que j'avais déposé, le directeur de cabinet avait paru à la fois étonné et serein. Mais l'avidité avec laquelle les techniciens me questionnèrent, la surprise du fonctionnaire régional du tourisme devant ces informations, ses encouragements à divulguer cette richesse, tout cela m'inquiéta. La Namibie est indépendante depuis un peu plus d'un an. C'est un État jeune, déjà confronté à des responsabilités immenses. Il ne doit pas seulement guérir les séquelles d'un siècle de régime colonial et les plaies ouvertes par l'apartheid, mais gérer les richesses de son sous-sol (minéraux, diamants...) et de sa côte poissonneuse, entretenir les gigantesques réserves naturelles et les parcs animaliers légués par les Sud-Africains. Avec la liberté nouvelle, tout ce que possède la Namibie, c'est un patrimoine naturel. Dans ces conditions, on devine aisément le soin qu'elle va mettre à le rentabiliser. Il y a des signes qui ne trompent pas. Depuis peu, les vastes espaces sauvages du pays sont très convoités par les tour-opérateurs et des sociétés de chasse...

Certes, cette troupe de chevaux vit sur un petit bout de désert englobé dans des régions interdites d'accès. Mais rien n'est immuable. Et s'il faut de gros moyens financiers pour aménager un territoire vierge et fragile en parc naturel « protégé » mais ouvert aux touristes, on ne peut attendre de ceux qui ont misé leurs fonds dans cette entreprise qu'ils n'essaient pas de récupérer leur mise décuplée... par tous les moyens.

Plus on parlera de la vie, de l'extraordinaire aventure de ces chevaux, de la fragilité, de la beauté de leur désert, plus les autorités qui les détiennent, ou qui se les approprieront, seront tenues de les respecter et de les protéger. Il n'y a pas de temps à perdre.

En moins d'une semaine, les diapositives sont sorties du laboratoire. Tout n'est pas excellent, mais j'ai pris assez de clichés pour pouvoir sélectionner une vingtaine d'images représentatives des scènes de la vie quotidienne des chevaux. Les responsables du salon les contemplent longuement.

« C'est inhabituel... mais extraordinaire ! Ce sera un joli décor. Nous ne pourrons vous montrer la salle de presse que la veille de l'ouverture du salon. Mais voyez déjà les plans. Les murs seront blancs... »

C'est gagné. Comment les chevaux du Namib pourraient-ils passer inaperçus aux yeux des journalistes de la presse équestre ?

Cette perspective inespérée redouble mon énergie. Je m'active tous azimuts : je fais tirer et encadrer des agrandissements, j'achète des vêtements chauds (le thermomètre n'affiche plus 50 °C à l'ombre...), je constitue un dossier de presse... Moi qui suis restée seule pendant des mois, je passe à présent mon temps au cœur de la foule, dans les rues et dans le métro. Tout est gris, les façades, les trottoirs, les vêtements, les visages... mais le voyage continue. Pour un peu, je sortirais mon carnet et j'essaierais de dénombrer tous ces gens que je croise, pour les classer en familles et leur donner un nom conforme à leur caractère.

Je les observe, comme j'observais les chevaux – et, cette fois encore, j'ai vraiment l'impression de faire partie du troupeau. Par exemple, je recense déjà les Courtois et les Goujats, puis je m'aperçois que ce sont souvent les mêmes. Le seuil de l'immeuble où j'habite est la limite de mon abri : dans l'escalier, on salue son voisin, on adresse un sourire à la gardienne, on ferme la porte sans bruit... on respecte les règles de bienséance du pays où l'on vous connaît. Mais une fois dans la rue, ce même voisin qui porte la même cravate ne sourit plus, son humeur exécrable se lit sur ses lèvres pincées, dans sa démarche saccadée, et c'est lui qui vous bouscule sans s'excuser. Les anonymes se côtoient, les gestes et les regards sont éloquents, sans le vouloir, sans le savoir. Et moi, je ne suis pas maître de ne pas les interpréter !

Chaque matin, pour les chevaux du désert, je traverse Paris en métro. Que ne m'auront-ils pas fait faire ? A la porte de Versailles, on abandonne les adolescentes qui se racontent en pouffant leurs derniers flirts, les yeux des voyageurs fixés dans le vague, les pieds secoués de battements inconscients, le regard naïf du chien couché dans les bras de sa maîtresse. On se retrouve bientôt en terre de connaissance : le monde des cavaliers et des chevaux de salon.

Le hall est bruyant. Les néons sont blancs. Partout règne une odeur de cuir neuf. D'un stand à l'autre, on passe du genre western « selles américaines, Stetson et chaps Marlboro » au style classique « jodhpurs et selle Hermès », du vendeur de « l'hygiène et la santé de votre cheval » au commerçant de rêve « randonnez dans la France sauvage », « chevauchez dans le grand Nord canadien », « à cheval avec les Gauchos d'Argentine »... Après les posters géants, les tracts publicitaires, les écrans vidéo, voici les chevaux en chair et en os : « Boulonnais » des Haras nationaux pomponnés par les officiers, « Pur-Sang Arabes » lustrés par des jeunes filles chic. L'odeur du cuir est menacée par celle du crottin.

Puis je pousse la porte blanche de la salle de

presse, et je pénètre dans un autre monde. C'est une part de rêve inconnu, offerte par une famille de chevaux galopant sur la crête d'une dune, deux étalons couverts de cicatrices qui combattent, un poulain solitaire en plein cœur du désert, un cheval à genoux trempant les lèvres dans une flaque d'eau, un squelette desséché sous le soleil...

Les hôtesses et le bar accueillent les visiteurs. Journalistes, scientifiques, présidents d'associations et quelques vieilles connaissances sont époustouflés par ces images. Les rencontres se succèdent. J'écoute les rêveries, les extases, les lamentations... Loin d'avoir une âme romantique, qui saurait transfigurer le réel en le peignant avec des sentiments délicats, j'assume simplement la réalité telle qu'elle est, et réponds en m'appuyant sur ce que j'ai compris de la vie des chevaux, de celle du désert, et du pays.

Je peux bientôt composer un florilège des réflexions que j'entends le plus souvent :

« C'est magnifique. Quelle chance d'avoir encore des chevaux sauvages. Il faut absolument les protéger. »

« La liberté, c'est bien beau, mais pas à n'importe quel prix. Regardez, ils sont maigres, on voit leurs côtes... »

« Vos chevaux montrent une adaptation au désert certainement très intéressante pour la science... et pour nos élevages. »

« C'est fantastique ! Il faut aimer l'aventure ! Surtout pour une femme ! »

« Ça vaudrait la peine d'essayer ce qu'ils valent

sous la selle. Leur résistance doit être à toute épreuve... »

« Et ils se battent jusqu'à la mort ? C'est horrible... »

Le soir, en repassant devant les « Boulonnais » choyés, je rêve de les accompagner dans la salle de presse, pour qu'ils regardent les photos de leurs frères... Envieraient-ils ces chevaux libres, ou frissonneraient-ils de pitié, jaloux de leur existence d'enfants gâtés ? Quant à moi, je refuse de porter un jugement que la nature elle-même ne porte pas. Je veux simplement dire qu'elle est, qu'elle enseigne, et qu'elle vaut la peine d'être écoutée.

Le Namib ! Le plus vieux désert du globe. Des millions d'années pendant lesquelles se sont développées les formes de survie les plus surréalistes.

Le petit coléoptère qui, le matin, grimpe sur la crête de la dune, replie ses pattes avant, allonge celles de l'arrière, et attend, la tête en bas, que la condensation du brouillard sur ses élytres forme une goutte d'eau, qui vient lui couler dans la bouche, n'est-il pas une invention délirante et géniale ? Et les oryx, ces gazelles du désert, qui ont un cerveau irrigué par un réseau veineux exceptionnel : ils peuvent supporter les plus hautes températures et sont presque indépendants des points d'eau. Et les taupes, les hyènes, les gangas... Et les chevaux, enfin, qui, en quelque vingt générations, ont su s'adapter aux conditions qui leur étaient *a priori* les plus hostiles !

On peut fermer les yeux, rêver à ces petits

coins de la planète, vouloir qu'ils demeurent inviolés, ou désirer se les approprier. On peut aussi observer le passé, et voir que, si l'homme avait laissé la nature évoluer librement, il n'aurait jamais atteint sa suprématie. Lorsque je songe aux chevaux du Namib, je n'éprouve pas le moindre désir de les préserver de l'humanité. Mais si les Namibiens, les scientifiques, les touristes et les rêveurs veulent profiter des richesses de cette portion de désert, j'aimerais qu'ils respectent au moins ce que le hasard de l'histoire a offert à ces chevaux et ce que la nature leur a confié : leur territoire et leur liberté.

La ville m'emporte de nouveau. Les guirlandes lumineuses se reflètent sur les trottoirs mouillés, les enfants ouvrent des yeux immenses, les nez se collent sur les vitrines. Noël approche.

Si je ne suis plus guère sensible au mystère de cette nuit qui, à l'heure où je tombais comme une pierre au fond du sommeil, nous conduisait au son des cloches et des chants dans l'église éclairée, si je ne partage pas non plus la ferveur générale pour la fête du commerce et du cadeau, je me réjouis néanmoins de l'occasion qui est offerte, une fois par an, de réunir la famille dispersée aux quatre coins de France. Cette année, je peux me joindre à la réunion. En quelques heures de train, je retourne dans la ville de mon enfance. Et je retrouve le salon familial, mes frères et sœurs, le visage de ma mère, illuminé par les rires de ses petits-enfants.

Malgré nos routes si différentes, malgré les distances qui nous séparent, aucun soupçon d'indifférence n'a su se glisser entre nous. La vie du voyage m'a éloignée de la vie en famille, mais elle n'a jamais rompu ces liens privilégiés. Et, en ce soir de Noël, je pense aux Sages, là-bas, en Namibie, qui continuent de vivre, à trois, le bonheur simple de la vie en famille.

25

Il avait été le seul à m'écrire dans le désert : il fallait bien que le désert vienne un peu à lui. Éric, le vétérinaire du Sud-Ouest, s'est penché sur les résultats de mes observations, de même que Claudia, une éthologue de la station biologique de Camargue, qui, avant mon départ, avait exprimé son intérêt pour les chevaux du Namib.

En décembre, j'ai séjourné une semaine dans son centre de recherche isolé au cœur des marais. J'ai ordonné mes notes selon les schémas conventionnels qu'elle m'a dictés. Depuis lors, grâce à des programmes informatiques spécifiques, la chercheuse a obtenu les premiers résultats. Les deux spécialistes s'intéressent particulièrement à l'adaptation des chevaux à ce milieu extrême. Le processus aurait entraîné des modifications anatomiques, physiologiques et éthologiques.

Ce matin, lors de notre réunion parisienne, ils m'ont avoué que ces découvertes mériteraient que je fasse une première publication scientifique. Cela n'a pas soulevé en moi un grand enthousiasme. Leurs remarques sur les informations manquantes m'intéressent davantage. Si je retournais sur le terrain, je pourrais enrichir la partie de l'étude qui leur semble la plus prometteuse. Après cette rencontre, je ne qualifierai plus les chevaux de « sauvages », mais j'emploierai l'expression « chevaux férals » (du latin *fera*, « animal sauvage »). En effet, ne sont « sauvages » que les chevaux qui n'ont jamais été domestiqués. Or, il n'en existe pour ainsi dire plus. En revanche, les chevaux « férals », qui vivent à l'état sauvage, descendent tous de chevaux autrefois domestiqués.

Malheureusement, Éric et Claudia ne m'ont pas caché qu'une étude scientifique plus approfondie nécessiterait d'importants moyens financiers. Pour le moment, mes « trésors » resteront donc dans leurs boîtes. Le coût d'une telle entreprise n'est pas à ma portée, et la science n'est pas mon domaine. Je laisse aux spécialistes le soin de reprendre l'initiative en ce domaine, tout en me tenant à leur disposition.

Cependant, je continue de sillonner la ville et sa banlieue, rendant visite à toutes les rédactions de magazines et aux agences de presse qui, depuis le Salon du cheval, s'intéressent à l'histoire des chevaux du désert. J'entends souvent la même réponse : « La vie quotidienne des chevaux sauvages est un magnifique sujet animalier ; mais nous aimerions aborder leur histoire sous un angle différent, en les considérant à travers le regard de la femme qui s'est trouvée mêlée à eux. Sous cet angle, le reportage nous intéresserait. Hélas, vous n'avez pas d'images pour l'illustrer. »

Déception. Dilemme. Aujourd'hui, ces chevaux occupent pour moi une place prioritaire. Quelles concessions suis-je prête à accorder pour continuer le chemin sur lequel je les ai engagés ?

« Nous pourrions envoyer là-bas un de nos photographes lors de votre prochain séjour d'étude. »

Malgré les facilités financières qui me sont promises pour retourner en Namibie, il m'est impossible de me résoudre à travailler pour une agence, d'être liée par un contrat d'exclusivité. Et il m'est tout aussi impossible d'accepter que quelqu'un d'autre que moi rende compte de l'intimité que j'ai vécue avec les chevaux et avec le désert.

Il me reste un dernier espoir : reprendre contact avec le visiteur impromptu du Namib, le photographe qui, pour un plat de spaghettis, avait détourné sa route pendant quelques heures. Je lui téléphone, et nous nous retrouvons pour discuter de mon projet. Alfonso me raconte les vastes étendues sauvages de la Namibie, il me parle des chevaux de son enfance, en Colombie, et des voyages qui, depuis de nombreuses années, lui ont permis de vivre de la photographie en travailleur indépendant.

De mon côté, je lui dépeins mon entêtement à poursuivre l'observation des chevaux sauvages, mon désir de continuer à voyager et à écrire, ma volonté de ne pas perdre mon indépendance... Soudain, j'ai l'impression d'être entendue. Mais il manque toujours le nerf de la guerre. Nous en restons là pour aujourd'hui.

Les nouvelles de Namibie ne sont pas bonnes. Un fax du gouvernement m'annonce que « la sécheresse qui sévit actuellement est considérée comme la plus importante de mémoire d'homme... ».

Grâce à mon recensement, j'ai pu établir que les chevaux sont bien plus nombreux qu'on ne le pensait en se fondant sur de précédentes estimations. Cela, joint aux premiers articles parus dans la presse européenne et que je me suis empressée de communiquer au gouvernement namibien, contribue à susciter un réel intérêt pour ces chevaux. Hélas, des amis namibiens me racontent que « plusieurs *guest-farms* où sont organisés des safaris photos ont émis le souhait d'acheter des chevaux sauvages ». « Un laboratoire sud-africain voudrait acquérir une douzaine de chevaux à des fins d'expérimentation... » Aux dernières nouvelles, le ministère namibien pour la Protection de la nature a projeté de capturer une centaine de chevaux.

C'est le début d'une petite croisade. J'écris, je faxe, je téléphone aux responsables du ministère, aux techniciens, à Wilfred le *ranger*. L'ambassade de Namibie à Paris me soutient. Mais je ne reçois que cette réponse : « Pour préserver les pâturages, nous capturerons une centaine de chevaux à la fin de l'été (février-mars)... »

Il y a urgence : je dois retourner dès que possible en Namibie. La course contre la montre est lancée. Le problème financier reste le plus délicat à résoudre. Aucun magazine n'est prêt à financer le reportage si ce n'est sa propre équipe qui le réalise. Alfonso, lui, me propose de prendre une série de photographies sur mon prochain séjour chez les chevaux et sur les traditions des cavaliers que je souhaite rencontrer à travers le pays. De son côté, il veut continuer les reportages qu'il a commencés l'an dernier. Alors, pourquoi attendre ?

J'ose. J'emprunte. Pour la première fois de mon existence, je m'endette. Mais après tout, je ne m'engage qu'à rembourser. Rien de plus que de l'argent.

C'est décidé. Nous partons. Dans le hall de l'aéroport, les deux chariots à roulettes suffisent à peine à porter le chargement inquiétant qui nous accompagne. Mon sac n'a pas grossi. Mais, à elle seule, l'exposition photographique que j'ai prévu de montrer à Windhoek pèse trente kilos. Puisqu'elle a joué son rôle à Paris, je souhaite qu'elle le remplisse aussi en Namibie. La plupart des gens, là-bas, ne connaissent pas ces chevaux. Tout au plus en ont-ils entendu parler à l'occasion de l'un des quelques accidents de voiture que les chevaux ont causés sur la piste, la nuit.

Quant aux bagages d'Alfonso, ils contiennent, paraît-il, le matériel indispensable pour travailler dans un pays où l'on peut rouler pendant des heures sans rencontrer âme qui vive, et où il ne faut pas espérer trouver tous les trois kilomètres une échoppe de souvenirs, cartes postales et pellicules photos...

A l'enregistrement, l'hôtesse s'y reprend à plusieurs fois pour vérifier que nous ne dépassons pas l'excédent de bagages autorisé par la compagnie aérienne. Puis elle nous annonce, mi-incrédule, mi-amusée : « Deux cents kilos ! »

26

Un incendie semble avoir ravagé le paysage. De part et d'autre de la route de l'aéroport, où que le regard se porte, ce ne sont que pâturages grillés derrière les clôtures des immenses fermes d'élevage, crêtes de montagnes pelées, buissons jaunis, touffes d'herbes sèches.

Soudain, cinq paires de longues cornes torsadées ondulent au-dessus du bush. C'est l'Afrique qui est venue nous accueillir : des coudous, en pleine course. Ces antilopes sauvages ont la réputation d'être les meilleurs « sauteurs de clôtures », et les premiers responsables d'accidents de la route. Ils sont en effet imprévisibles. En un clin d'œil, ils ont sauté par-dessus les fils, à un mètre soixante de hauteur, en repliant leurs pattes. Ils galopent déjà de l'autre côté de la route.

En quarante kilomètres, nous n'avons pas croisé un seul véhicule. Enfin, les collines se couvrent de villas, de pelouses vertes et de jardins ombragés.

Les nouvelles constructions se succèdent. Les immeubles colorés se mêlent aux façades coloniales. Sur les larges trottoirs de l'avenue principale, les passants flânent, élégamment vêtus à l'européenne. Devant une vitrine « dernière mode sud-africaine », trois femmes hereros en robe victorienne papotent et proposent aux passants un étalage de poupées. Les petits vendeurs de journaux, les artisans, les taxis collectifs qui font la navette avec les quartiers populaires côtoient les voitures et les 4 × 4 rutilants... La ville qui respire au rythme africain semble déborder d'activités. En quelques mois, Windhoek a bien changé.

Mon premier entretien avec le ministre de la Protection de la nature et du tourisme confirme mon inquiétude. Il m'écoute d'abord avec attention : je lui parle de mon projet, la délimitation du territoire des chevaux, de la poursuite de mes observations sur le comportement de ces animaux, et des reportages envisagés. Il se déclare favorable à tout cela, puis il déclare : « Nous vous sommes très reconnaissants pour votre travail... Nous sommes conscients que ces chevaux, parce qu'ils ont su s'adapter au désert, ont une valeur exceptionnelle. Mais, à la suite de la grande sécheresse, nos techniciens ont proposé de vendre un certain nombre d'entre eux, pour diminuer les risques de surpâturage. Les fonctionnaires vous exposeront ce projet. Votre collaboration est la bienvenue. »

Commence alors une interminable série de rendez-vous avec les fonctionnaires et les techniciens. Tous les matins, de très bonne heure, le buffet proposé par le restaurant de l'hôtel conditionne ma bonne humeur pour la journée. Après quoi les taxis, les bureaux climatisés, les fonctionnaires du ministère, ceux qui me reçoivent et ceux qui me fuient, les bibliothèques et les archives, mon cartable bourré de dossiers, tout cela s'évertue à la grignoter peu à peu. D'autant que les diverses réunions autour de mon premier rapport, les débats sur la sélection naturelle, mon insistance à présenter comme primordial et prioritaire l'établissement d'un état des pâturages, ne semblent pas suffire à repousser le projet de capture.

Cependant, je m'emploie à préparer mon exposition au centre culturel franco-namibien. Inaugurée par le vice-ministre, elle fait la une des quotidiens. Elle restera en place pendant un mois. Les journalistes s'intéressent enfin aux chevaux du désert, à leur fragilité, et la capture annoncée soulève les premières polémiques.

Le directeur de cabinet du ministre me confirme alors que, pour réaliser la capture, la sélection des chevaux nécessitera ma collaboration, car je suis la seule à les avoir identifiés un par un. Les boiteux, les célibataires et les plus faibles seront choisis en premier. Vu sous cet angle, le projet gouvernemental me semble moins catastrophique pour la survie du troupeau. Bien que la sélection naturelle, en cette période de grande sécheresse, reste, à mon avis, la plus judicieuse (elle a fait ses preuves depuis bientôt un siècle), je participerai à la capture.

Mais les deux techniciens à l'origine de ce projet, qui sont également les organisateurs de la capture, sont en déplacement dans le pays. Il m'est impossible de les joindre, et donc de les rencontrer. Aussi mon inquiétude reste-t-elle entière. Si je m'en tiens aux paroles du directeur de cabinet, je n'ai pourtant aucun souci à me faire : « L'équipe chargée du projet vous communiquera les dates de la capture par l'intermédiaire de notre *ranger* à Aus... »

Alfonso, lui, ne s'est pas laissé abattre. Tandis que j'étais emportée dans le tourbillon des réunions et des rencontres, il s'est affairé à la préparation du matériel et du véhicule. Sur le parking de l'hôtel, ma nouvelle maison namibienne m'attend. Sur le toit, je reconnais ma vieille camarade, la malle « garde-manger » verte, abandonnée dans un garage depuis des mois. Elle a retrouvé son rôle de placard. Le 4 × 4 est bourré de matériel.

Sur le toit et dans le canopie ont été calés un réfrigérateur, des jerricanes d'essence, des réserves d'eau potable, des matelas, une malle de nourriture, une caisse à outils, un cric géant. Jamais je n'aurais pensé me déplacer un jour avec autant de matériel sur le dos...

« Tout est indispensable, m'explique Alfonso en découvrant mon air inquiet. Tant que nous serons sur les pistes principales, nous traverserons un village tous les cent ou deux cents kilomètres. Mais après être descendus du haut plateau, puis dans le désert, nous ne croiserons plus âme qui vive, et il n'y aura plus de pompes à essence. Nous devons être complètement autonomes. »

Je ne peux que me ranger à ces considérations.

« Et si tu veux prendre le risque de visiter la

maison du léopard, je t'ai apporté un gardien qui pourra faire du bruit, et t'accompagner partout où tu voudras aller », ajoute-t-il mystérieusement.

Moi qui, depuis des années, voyage avec mon couteau Laguiole et mes feux d'artifice, je suis interloquée par l'objet que me tend Alfonso. Encore luisant sous l'huile qui le recouvre, ce revolver de calibre trente-huit et l'autorisation qui l'accompagne, délivrée par le gouvernement namibien, représentent soudain pour moi un nouveau compagnon du quotidien.

En cas de danger extrême, face au léopard furieux de me rencontrer sur son territoire, par exemple, les éclairs et les détonations de mes fusées d'artifice ne seraient sans doute guère intimidants. Mais, jusqu'à aujourd'hui, ils ont suffi à me rassurer, ma conscience du danger m'ayant toujours limitée dans le choix des endroits où j'osais m'aventurer.

Depuis la traversée de la steppe chinoise, j'ai pris goût au tir à l'arc. Grâce à mon petit arc mongol, j'ai appris à concentrer mon énergie, à ne la relâcher qu'à bon escient et avec précision. J'aime tirer au jugé, sentir l'arc tendu dans mes mains, la flèche glisser sous mes doigts, lorsque le centre de la cible en carton devient un véritable aimant rassemblant tous les feux de l'énergie. A cheval, ces sensations étaient décuplées. Au moment où je me levais sur les étriers pour bander l'arc et tirer, au galop, les rênes longues, le pas de ma monture se cadençait, elle assouplissait le dos, ne déviait pas de la ligne droite... et attendait que la flèche soit partie pour accélérer le rythme. C'était, pour moi, une manifestation forte de notre complicité. Malgré le faible encombrement de ce petit arc, je n'ai jamais eu l'idée de l'emporter en voyage.

Depuis quelque temps, avec les armes à feu, j'avais découvert un plaisir identique à celui que me procure l'arc. En Namibie, il n'y a pas de restriction au port d'arme pour les personnes qui travaillent dans la nature, les fermiers et les *rangers*. Ce revolver représentera pour moi un supplément de liberté, il assurera ma sécurité dans des endroits où je n'aurais jamais osé pénétrer. Car un coup en l'air impressionnera davantage les fauves qu'une boule de lumière.

Nous voici donc parés pour la grande traversée. Il est minuit et demi sous le dernier réverbère, à la sortie sud de la capitale. Cap sur le désert.

27

Les vibrations de l'air, le soleil de plomb, le vent d'est... rien n'a changé dans le désert. Mais le 4 × 4 ne compte pas ses pas. Il s'enfonce dans les dunes sans tirer tous les vingt mètres un mouchoir pour s'essuyer le front. Loin du point d'eau, il me dépose, s'en va pour quelques jours, me reprend... Par rapport à mon dernier séjour, j'ai l'impression d'avoir accompli un bond technologique de plus d'un demi-siècle.

Ici, au-delà des montagnes qui, pendant de nombreux jours, ont dessiné pour moi le seul horizon, je marche à la rencontre de toute une famille de chevaux. En me voyant, ils se sont éloignés. Mais une jument suitée est restée immobile, à moins de quatre cents mètres de moi, les oreilles pointées dans ma direction, le regard fixe.

Sous mon vieux chapeau de paille, je me suis immobilisée pour leur parler, selon ma vieille habitude. Ils ne semblent plus du tout effrayés, comme s'ils se souvenaient de moi. Le poulain se décide en premier. Il s'approche de moi à pas lents. Je ne le reconnais pas encore, mais il a tout l'air de savoir qui je suis. Ses pieds hésitent, son dos est tendu, son encolure relevée, comme s'il voulait se grandir. Il me semble que c'est le petit blond de la famille Travers. Il s'est de nouveau arrêté. Sa robe claire, sa façon de me regarder en inclinant la tête, c'est bien lui ! Ce petit mâle puant qui appréciait que je lui nettoie les yeux, les naseaux, que je le gratte derrière les oreilles... il a bien grandi.

« Alors, raconte-moi... »

Mais, derrière lui, sa mère l'appelle. Elle a maigri, sa croupe a perdu ses rondeurs, ses hanches sont saillantes. Le reste de la famille est déjà loin. Le poulain, qui était apparemment venu chercher son câlin, doit maintenant repartir. Ici, on n'attend pas les retardataires. D'autant moins qu'aujourd'hui l'herbe semble très rare et que les marches pour l'atteindre sont sans doute bien longues.

L'air qui s'engouffre par la fenêtre ouverte me rafraîchit le visage. La chevauchée de ce nouveau vaisseau du désert comble ma curiosité. Le repérage du territoire avance. Mon nouveau carnet se remplit d'informations, de détails, de croquis, de mesures... « Dune sept : impénétrable. Dune neuf : troupeau de quarante-deux oryx. Dix-huit kilomètres de plaine en ligne droite, dans la largeur : pâturages de *stepagrostis* encore en herbe. Rivière desséchée, forêt de *camelthorn* (espèce d'acacia dont les troncs torsadés se courbent jusqu'à poser leurs épines dans le sable), etc. »

A la frontière nord du territoire, au pied des plus hautes dunes, je découvre une pompe, et, tous les vingt kilomètres en direction de l'ouest, des puits. C'est ici, dans la nappe phréatique, sous les dunes, que le petit port de Lüderitz, situé à cent kilomètres, s'alimente en eau douce. Des plaques de tôle rouillée, de vieux bidons, des bouteilles de verre dépoli et opaque gisent çà et là, témoins de la grande époque des chercheurs de diamants. Le sable sait ensevelir les montagnes et remplir le lit des rivières, mais il ne se soucie pas d'effacer les traces de son histoire.

Au total, les chevaux arpentent un territoire d'environ quarante mille hectares, en dehors duquel ils ne s'aventurent pas. Mais les frontières de dunes ne découragent pas les autres animaux du désert, moins dépendants de l'eau. Autruches, springboks, oryx, bat-heared-foxes (sorte de renard à oreilles rondes) et hyènes laissent leurs empreintes partout. Ils sillonnent le désert, pénètrent les dunes et les traversent. Habituellement, en cette saison, ils vivent éparpillés, car l'herbe a poussé dans tous les creux. Mais, depuis janvier, les pluies ont oublié l'Afrique australe. Tout est grillé. Les animaux viennent tenter leur chance dans les plaines.

Parmi les empreintes dessinées sur le sable, je reconnais les cinq coussinets de la patte du léopard. Pour lui, c'est l'époque des proies faciles. Il doit être repu. Cette fois-ci, mon tour est venu de pénétrer sur son territoire, à pied, avec, à la ceinture, mon compagnon des routes dangereuses. La montagne qui s'approche ressemble à un amas de rochers entassés, cassés, en équilibre les uns sur les autres. Les traces me conduisent droit sur une gorge sombre et profonde, qui paraît stérile. Mais une fraîcheur incroyable y règne : les rochers sont humides ! Le léopard se serait-il approprié une source ?

L'oreille tendue, j'escalade lentement les blocs de pierre, un à un, sans perdre de vue ses empreintes que je retrouve régulièrement sur tous les paliers, là où le sable s'est glissé. Pour qu'il sache qu'un étranger approche, je répète cette formule à voix haute : « Allô, allô, il y a quelqu'un ? Alors, on est deux. » Même s'il ne comprend pas tout le sel de ces paroles, du moins saura-t-il que je n'ai pas l'intention de le surprendre.

Les bassins creux sont là, encore mouillés, mais vides. C'est sans doute le brouillard matinal qui, parfois, se condense sur la pierre, puis ruisselle et remplit les creux des rochers. Ces bassins, les bushmen des premiers siècles de notre ère les connaissaient bien. Ils utilisaient cette eau précieuse, et gravaient le plat du rocher de signes rappelant les empreintes animales. J'ai eu plusieurs fois la chance de les contempler. Les profondeurs du désert les ont protégés, et le nombre des années ne les a pas détruits.

Les empreintes continuent de monter. J'approche du sommet. Elles contournent un énorme bloc fendu et s'interrompent brusquement... Pas un bruit. Je me tiens sur mes gardes, tendue. Voici l'entrée de la grotte. Devant, une large terrasse. Je m'annonce à la porte de la tanière. De là, on jouit d'une vue dégagée sur la plaine. C'est une véritable tour d'observation. Mais la maison est vide.

Le léopard s'est absenté. Il doit être en vadrouille, ou bien il a déguerpi et me surveille de loin. Je visite sa demeure. Son intérieur est mieux tenu que celui de la hyène : pas un os n'y traîne. Seul un creux bien marqué dans le sable, sous la grotte, trahit l'emplacement de son lit. Du bord de la terrasse où je me suis assise, je domine l'immensité de la plaine. C'est ainsi que le prédateur doit guetter les allées et venues des habitants du désert.

Je vais rester là plusieurs heures, l'œil plongé dans une longue-vue. En bas, je peux observer quelques familles de chevaux, qui progressent lentement, en file indienne, s'arrêtent, se reposent, traînent autour des tas de crottins desséchés, et reprennent leur marche. Ils n'ont pas la vitalité que je leur ai connue. Les temps sont durs, et cependant j'ai du mal à me faire à l'idée qu'il faut sélectionner une centaine de ces animaux pour la fameuse capture.

Depuis nos retrouvailles, j'ai noté une quarantaine de disparus au sein des familles. Le désert est parsemé de squelettes d'animaux... et parfois de chevaux. Mais comment remplacer la sélection naturelle qui, elle, a toujours su garantir leur survie et leur adaptation ?

A l'est et au sud du territoire se déroulent des centaines de kilomètres de clôture, composée de neuf rangées de fil de fer. Cette barrière est une protection sûre pour les derniers éleveurs du haut plateau, voisins du désert. Les oryx, les moutons, les chevaux et les autruches y pâturent en toute tranquillité.

Au village d'Aus, sans électricité, seule l'auberge rustique accueille encore les visiteurs de la nuit. Ses grands escaliers de béton rouge sont éclairés par deux ampoules. Dans le ronronnement du générateur, mes semelles ont à peine le temps de marquer la surface cirée de leurs empreintes poussiéreuses que l'homme au balai, celui dont l'épaule était appuyée au premier pilier, se précipite discrètement derrière moi.

Ici, c'est le coin des Blancs. Là-bas, de l'autre côté de la route et du chemin de fer, c'est celui des Noirs, celui des travailleurs de la mine de cuivre qui va bientôt fermer ses portes. L'apartheid n'est plus de rigueur, mais ces hommes et ces femmes abandonnés par le monde du travail sont amers. La violence leur paraît souvent le seul recours possible. Certains, pourtant, sont déterminés à sortir pacifiquement de cette situation, mais, pour le moment, les Noirs habitent toujours loin des Blancs. Les mauvaises habitudes mettent longtemps à mourir.

Derrière les rideaux de dentelle de la porte vitrée du bar, quelques hommes en short, des blonds au teint clair et au visage buriné, posent leurs coudes sur le comptoir, devant des chopes pleines et des bouteilles vides de Windhoek Lager, la bière namibienne réputée. Les regards se tournent brutalement vers la blonde qui pousse la porte. Les remarques fusent en langue afrikaans, en même temps que les rires gras. Lorsque la voix imposante de la patronne du lieu prend le dessus :

« Vous voici de nouveau namibienne ! s'écrie-t-elle. Incroyable. Ce matin encore, je pensais à vous, et cherchais votre carte de visite. Et vous êtes ici ! »

Les rires se sont tus, et les conversations ont repris leur cours.

« Avez-vous pensé à moi ?

– J'ai quelque chose pour vous. Donnez-moi une bière. Je reviens. »

Je vais dans la voiture chercher ce que je lui avais promis : des photos encadrées des chevaux du désert, et deux affiches de Paris. Les murs jaunis de l'auberge n'auront pas à se plaindre de ces nouveaux éléments de décor. Quant aux travailleurs blancs de la mine de diamants, ils daignent interrompre leur colloque pour examiner les images de Paris. Les joueurs de fléchettes eux-mêmes ont quitté leur coin du fond de la salle, et posé leurs craies dans la boîte en bois du tableau noir couvert de chiffres.

A mon tour, devant un verre de bière, je prends les nouvelles du village. La « mamie d'Aus », la mamie providentielle qui, dans mon campement, m'avait gâtée de fruits, de légumes et de boissons fraîches, a quitté la région. Surprise par une grave et soudaine maladie, elle a dû être rapatriée chez ses enfants, en Afrique du Sud, et ne reviendra peut-être jamais au village, qui la regrette beaucoup.

La porte de la salle s'ouvre et livre passage à Wilfred, le *ranger*. Les rumeurs du village n'ont rien de l'anonymat des villes. Déjà prévenu de mon arrivée, il vient me saluer et me tenir au courant de la vie du désert. La rareté des pluies, la panne de la pompe alimentant le point d'eau des chevaux, la réparation qui a duré dix jours, le manque de temps qui l'a empêché de faire ses tours de ronde depuis plusieurs semaines, il me parle de tout, mais ne dit rien de ce que j'attends. Rien sur la capture. La question qui me brûle les lèvres interrompt soudain ses récits. Son regard brillant se perd dans le flou, ses lèvres hésitent...

« Le chef de région m'a vaguement parlé d'une capture des chevaux. Mais je suis toujours le dernier au courant, et on ne m'a pas donné plus de détails. »

Dès le lever du jour, je profite du téléphone pour entrer en contact avec les fermiers. Ils ont tous entendu parler de la Française qui vit dans le désert, et ils acceptent de me recevoir. Les pistes intérieures des fermes s'enfoncent dans des paysages grandioses, entre sable et roches. Les plaines sont couvertes de végétation brûlée et les éoliennes tournent sans cesse pour remplir les abreuvoirs disséminés aux quatre coins de la propriété.

« Moi aussi, j'ai des chevaux qui vivent en liberté. C'est pour mes travailleurs, pour qu'ils puissent circuler sur les cent mille hectares de ma ferme, vérifier l'état des clôtures, le bon fonctionnement des abreuvoirs, rassembler les bêtes... », m'explique l'homme aux larges épaules, propriétaire de cette oasis du bout du monde : jardin fleuri, intérieur frais, rideaux bleu pâle à grandes fleurs rosées, tableaux, trophées de chasse...

Sur le napperon de la table basse, sa femme, coiffée d'un haut chignon blond, pose un plateau laqué où elle a dressé de grands verres et une carafe de jus de grenadille.

« En 60, poursuit l'homme, ce fut la sécheresse la plus terrible que j'aie connue dans la région. Les bêtes mouraient de faim. Alors on a mis bon nombre de nos chevaux de l'autre côté des clôtures : allez vous débrouiller ailleurs ! C'est les moutons qui nous remplissent l'assiette, pas les chevaux. »

Silence et sourire pincé de la dame qui s'applique à remplir les verres.

« Les chevaux sauvages, ça prolifère, et ça mange l'herbe des oryx. Il n'y a que la sécheresse pour réduire leur nombre. Mais ce n'est pas mon problème, puisqu'ils ne sont pas chez moi. »

La conversation dévie ensuite sur la vie de la ferme, l'abandon de l'élevage du mouton karakul, la nouvelle exploitation du mouton pour la viande, les moutons français... En nous raccompagnant à la voiture, la femme, qui sourit par convenance mais n'a pas prononcé un mot, remarque que j'observe les tableaux accrochés aux murs.

« C'est mon passe-temps. Mon mari est toujours dehors, mais moi, je n'aime pas sortir. J'aime peindre et m'occuper de mon jardin.

Sinon, ici, je m'ennuierais. On ne voit jamais personne. Même pas mes enfants qui font leurs études en République sud-africaine. Revenez nous voir demain... »

Plus au sud, la piste s'agrippe au flanc d'une montagne qui paraît infranchissable. Les cailloux qui attendent de perforer le caoutchouc du pneu semblent les gardiens d'un fort perché, hostile aux étrangers. Le cœur de la forteresse est une simple bâtisse de pierre, entourée de quelques corrals grillagés, derrière lesquels des agneaux tètent leurs mères. Pas l'ombre d'un humain. Seul, derrière le grillage, un chien excité aboie.

Soudain, des phares apparaissent dans le soir tombant. C'est une vieille Jeep cahotante, habituée aux terrains difficiles, qui s'arrête à côté de nous et éteint ses lanternes. Le chauffeur, qui descend dans l'obscurité, a bien l'air décidé à rester dans l'ombre, derrière son véhicule. C'est à peine si je devine la silhouette du fermier que nous sommes venus rencontrer.

Alfonso et moi lui adressons un bonsoir respectueux, qui reste sans réponse. La main crispée sur la visière de sa casquette, le regard tourné vers la montagne, le vieil homme se décide enfin à balbutier, en allemand : « Je n'ai rien à raconter. Ici, c'était la ferme de mon père. Moi, je suis parti pendant plus de vingt ans et je ne suis revenu qu'après la guerre. Alors, je ne sais rien. Je vous ai tout dit. Bonsoir. »

Le moteur du véhicule prononce le dernier mot de ce vieillard à la mauvaise conscience, qui s'est apparemment résolu à garder ses secrets.

Lorsque je retourne à Aus, dans le bureau de Wilfred, il n'a toujours reçu aucune nouvelle des techniciens qui doivent décider de la capture. « Ça serait remis à plus tard », m'annonce le *ranger*.

Je décide alors de partir pour Lüderitz, à quelque cent kilomètres de là, pour rencontrer le responsable régional. Peut-être pourra-t-il m'en dire plus.

Le sable meurt sur la noire roche granitique, le clocher de l'église luthérienne regarde l'océan, quelques villas récentes, d'imposantes maisons coloniales aux couleurs pastel, la poste, l'avenue commerçante, la gare... et les rues désertes. Ce village des pionniers, qui fut la porte du nouvel Eldorado, a retrouvé le rythme routinier d'un petit port de pêche, baigné dans les brumes matinales et balayé par le vent glacial.

Assis derrière son bureau couvert de dossiers, le fonctionnaire de la Protection de la nature me reçoit chaleureusement. Il semble plus intéressé par les oryx et les autruches que par les chevaux. A vrai dire, il ne les connaît guère et il n'est pas au courant de la capture. Il me répète les mêmes paroles que Wilfred. Impossible d'en savoir plus.

A 17 heures, les pêcheries lâchent leurs travailleurs en blouse verte vers le quartier noir, accroché entre mer et montagne. Les magasins tirent leurs rideaux, chacun rentre chez soi. Dans le vent marin et les embruns fouettant le phare, je contemple la plage qui boit les vagues au soleil couchant, les oiseaux pêcheurs qui plongent dans l'eau glacée et, au loin, dans la baie, les chalutiers au mouillage. Des pélicans se sont posés tout près de moi, leurs ailes immenses sont repliées, on les croirait endormis.

A vingt-cinq kilomètres de Lüderitz, nous passons par Kolmanskop, le « village fantôme », l'ancien village des pionniers. Quoique les habitations soient à présent ensevelies sous les sables, quelques maisons se visitent encore. C'est le musée du diamant.

Entre l'infirmerie, où le scalpel du chirurgien est exposé, et les salons où se succèdent meubles d'époque et outils archaïques, quelques visiteurs en short et chemise ouverte sur la poitrine suivent leur guide. Je m'enferme dans la bibliothèque et déniche des albums photos du début du siècle. Des chevaux apparaissent sur presque toutes les images. Ils sont les montures des soldats, les tracteurs des charrettes, les ouvriers des mines, les seigneurs des capitaines... Voici le débarquement en 1904 : mules et chevaux sautent d'un navire allemand et rejoignent la plage à la nage. Sur cet autre cliché, un régiment est rassemblé autour d'un drapeau. A l'arrière-plan, sur le fond jauni, il me semble apercevoir le palmier dattier sous lequel se repose encore aujourd'hui la famille des Sages.

Les chevaux figurant sur ces photos sont des « Hackney », « Trahkener », ou « demi-sang allemand » : il n'y a aucun doute sur leur parenté avec les chevaux du désert. L'extrême rudesse du milieu a stylisé les silhouettes, mais la courbe du chanfrein, les rondeurs de la croupe, l'oblique de l'épaule demeurent. Ainsi, à des kilomètres de Kolmanskop, ils paraissent s'être échappés du musée pour vivre libres.

28

De retour à Windhoek où je dois remettre mon rapport au gouvernement, je clôture l'exposition photographique. Tout me paraît calme. Il n'est toujours pas question de fixer une date pour la capture. Les chevaux du désert attendent la pluie, et je pars sillonner la Namibie.

Tantôt en 4 × 4 avec Alfonso, tantôt à cheval avec les cavaliers du pays, je pénètre au cœur de la Namibie sauvage et tranquille. Les traditions équestres sont omniprésentes, et, pourtant, l'histoire des chevaux de Namibie n'a pas deux siècles. Depuis que, pour fuir les Boers (les colons hollandais), les Namas du cap de Bonne-Espérance, la tête couverte de chapeaux à large bord et les bras chargés de fusils, étaient passés en Namibie montés sur leurs petits chevaux, ces animaux étaient devenus les compagnons des guerriers, des soldats, des mineurs, des fermiers ou des voyageurs... Aujourd'hui, ils sont de moins en moins utilisés pour les travaux de la ferme et plus du tout dans les mines. Par centaines, les chevaux domestiqués vivent donc en liberté, à demi sauvages, sur des territoires gigantesques.

La Namibie est un pays de chevaux, un pays qui m'envoûte par son silence sauvage.

A la frontière avec le désert, au sud du haut plateau troué de canyons gigantesques, dans la blancheur éblouissante de la lumière, un étrange convoi venu de nulle part nous fait face. C'est le premier véhicule que nous croisons depuis douze heures de route. Les chevaux, haletants, ralentissent le trot avant de s'immobiliser sur le bas-côté de la piste. Les naseaux grands ouverts, ils baissent peu à peu la tête et se détendent. Ils tirent une voiture attelée, de laquelle dépasse un bonnet de laine rouge et un fouet. L'homme à la chemise rapiécée a posé les rênes sur ses genoux ; derrière lui, une femme et deux enfants enveloppés dans un tissu brun sont juchés sur un tas de couvertures. Il y a aussi un chien gris tacheté de noir qui ne me quitte pas des yeux. Chacun se retranche d'abord dans le silence, et observe.

Puis, en réponse à nos salutations, l'homme murmure quelques mots incompréhensibles. Les regards se croisent. Je dégage de nos provisions une bouteille d'eau. Les lèvres du cocher esquissent un sourire qui dévoile ses dents ébréchées. Sa femme tend le bras hors des couvertures, saisit la bouteille. Elle n'en a pas besoin, mais elle me remercie : « *Dankie, dankie.* »

« Et les chevaux ? » lui dis-je tout en montrant notre importante réserve d'eau. En tapotant amicalement l'encolure de l'alezan au poil doré et brillant, l'homme nous fait comprendre qu'ils ont bu sur le bord d'une rivière, à quelques kilomètres d'ici, et qu'ils n'ont plus soif. Ce soir, la famille campera au fond d'un canyon. L'eau et l'herbe ne manqueront pas.

« *Komm* », enchaîne l'homme en s'adressant à Alfonso. Les voici qui font le tour de l'attelage, comme deux muets qui, soudain, voient leurs langues se délier. La voix de l'homme est rythmée de claquements de langue. Il appartient à l'ethnie des Namas, les cousins des Bushmen. Sous le régime colonial, ils vivaient dans leur réserve : le Namaland, ou « terre réservée aux Namas », aux confins du désert, sur les roches volcaniques, dépourvues de végétation. Selon le régime alors en vigueur dans les dix homelands de l'époque, les Noirs ne pouvaient sortir sans un laissez-passer que seuls les travailleurs des fermes de Blancs ou des mines obtenaient. Depuis le jour de l'indépendance de la Namibie, ces frontières géographiques ont disparu, et, sans considération de couleurs, tous les Namibiens sont égaux en droits.

L'homme aux pommettes saillantes pointe son doigt sur les catadioptres neufs installés à l'arrière de la charrette, sur le côté, à l'avant, et même sur le front des chevaux ! « Trois rands les petits, huit les grands », explique-t-il en alignant sur la piste le nombre de cailloux nécessaires à l'addition. Les voyageurs qui ne sont pas pressés deviennent volontiers bavards. Et s'ils ne se comprennent pas, ils ont recours au langage des gestes. Voici trois jours qu'ils ont quitté le Namaland, ils ont passé la nuit dernière au pied de la montagne, les chevaux n'ont jamais eu besoin de fers, ils ont le pied solide et le caractère volontaire, le pneu de la charrette a crevé hier. Telles sont les nouvelles d'une journée sans histoire...

Il y a trois jours à peine, ils ont décidé de vendre leurs chèvres et leurs deux ânes, ils ont empoché toutes leurs économies, abandonné leur case et pris la route avec leurs chevaux... pour aller tenter leur chance ailleurs. Aujourd'hui, ils sont ici, et rien ne semble avoir changé. Une vie simple qui suit son cours.

Cet homme et cette femme semblent ne jamais avoir attendu la liberté. Et, pourtant, ils ont trouvé celle de ne pas attendre.

Ils n'ont jamais vécu ailleurs que dans le Namaland. Chèvres, ânes et chevaux paissaient librement au fond des rivières desséchées. Le soir, ils remontaient au village et vaguaient entre les huttes de branchages. Le frère aîné a été le premier à partir, il y a longtemps déjà. Il est ouvrier dans la ferme d'un Blanc et, chaque mois, il touche un salaire, quelques centaines de dollars namibiens.

Alors la famille le rejoint, et peut-être là-bas...

Les pistes déroulent leurs interminables lignes droites, parfois se courbent et se replient. Sous la lune claire ou sous le soleil blanc, elles se faufilent au royaume des animaux sauvages, de la rocaille et du bush aride. Nous remontons lentement vers le nord.

Les hyènes fuyantes font les fières devant les chacals qui rôdent, des lièvres affolés courent ventre à terre sous leurs oreilles couchées, les yeux jaunes des chouettes se figent à la cime des arbustes, les zèbres endormis restent couchés en bord de piste... Les plaines s'évasent : nous sommes aux portes du désert du Kalahari, le pays des Hereros. Ces pasteurs sédentaires élèvent plus d'un million de bovins, en liberté, sur les terres communales. Dès leurs premiers pas, les enfants apprennent à monter; les gardiens du bétail se déplacent à cheval; et les cérémonies traditionnelles et religieuses les rassemblent tous, chevaux, hommes et enfants en costume de cavaliers.

Lorsque, pour la première fois, j'accompagne les cavaliers dans le convoyage du bétail au grand marché de la région, les visages laissent apparaître autant d'inquiétude que d'étonnement. Ici, les femmes ne montent pas à cheval.

Il faut voir le métier et l'adresse de ces chevaux. Lorsqu'un taureau prend la fuite, le cheval sait qu'il doit tout faire pour lui barrer la route. Il se lance à grandes foulées à la poursuite du fuyard, le contourne, se place en face de lui, et se balance, comme un danseur. Il prévient la feinte du taureau par un mouvement de son encolure, et, à la moindre échappée, il jette ses épaules de côté et pivote sur ses postérieurs pour fermer le passage.

J'apprends ensuite que, plus à l'ouest, des cavaliers hereros travaillent dans une réserve naturelle protégée : le plateau de Waterberg. C'est une véritable citadelle couronnée de falaises pourpres. A son pied, d'immenses acacias abritent une végétation dense qui, de tout temps, a été le refuge des hommes. Sous ce plateau spongieux, l'eau ne manque pas. Aujourd'hui, les animaux en voie de disparition y sont protégés.

Pendant plusieurs semaines, je vis dans la réserve et accompagne les *rangers* cavaliers dans leurs rondes de surveillance quotidienne. Damoiselle, la jument grise que le directeur m'a confiée, est ma nouvelle complice.

Ensemble, nous escaladons les rochers, grimpons les éboulis, galopons sur les terrains sableux. Elle n'a besoin d'aucun conseil. Elle écoute les indications de direction et décide seule des meilleurs passages, quitte à aligner ses quatre pieds au fond d'une fissure rocheuse pour passer. Ici, ni sentier, ni piste, ni maison. Entre les arbres et les épineux, au cœur des forêts de roches rouges sculptées par l'érosion, les ficus se sont mariés avec la pierre, des centaines de lichens colorés la recouvrent.

Franz et Tim sont des pisteurs sans égal, en qui tout le monde a confiance. A leur côté, je reste perchée des heures dans une tour d'observation, ou à l'affût dans un abri souterrain. On fait le tour des points d'eau, ils vérifient leur bon fonctionnement, on s'arrête dans un campement pour la nuit. Les rhinocéros blancs et noirs défilent, les vautours blancs du Cap nichent dans les falaises, les girafes, les hardebeests, les roan antelopes, les antilopes des sables, tout ce petit monde vit paisible, en liberté surveillée.

Le jour où Franz décide de suivre les empreintes d'un rhinocéros noir, je bénis Damoiselle.

« Nous avons besoin d'identifier cette mère qui vient de mettre bas. Dès qu'elle aura senti l'odeur de l'homme, elle va charger. Damoiselle saura se débrouiller. Accrochez-vous... »

En effet ! Lorsqu'il charge, le rhinocéros noir est un mastodonte impressionnant qui peut atteindre une vitesse que je n'aurais jamais soupçonnée. Ses larges pieds, accrochés à ses courtes pattes, piétinent tout ce qu'il rencontre, les branches viennent se briser contre sa cuirasse. De ces instants, je n'ai gardé qu'un souvenir précis : celui d'un fracas de tremblement de terre.

L'image de l'animal n'a pas le temps de se réfléchir sur ma rétine. En un éclair, j'entrevois ses deux cornes sur le nez, mais, déjà, Damoiselle fuit de toutes ses jambes. Je reste couchée sur son encolure pour éviter les branches, et m'abandonne à elle, les rênes longues. Pour ne pas la gêner, je me fais aussi légère qu'une plume sur son dos. Et je tiens bon.

Lorsqu'elle ralentit, je me redresse et comprends que maman rhino a abandonné la course. La jument est maintenant arrêtée, fièrement plantée sur ses quatre pieds écartés. Son cœur bat fort, ses membres tremblent. Elle souffle et reprend son calme. J'admire cette expérience, fruit de huit années de travail dans la réserve.

Parfois, les chevaux du Namib reviennent caracoler dans mon esprit. Aujourd'hui, je veux avoir de leurs nouvelles. Je suis descendue au pied des falaises, dans le hameau des *rangers*. Treegve, le directeur de la réserve, parle avec amour de cette nature dont il est le gérant. Depuis bientôt dix ans, il connaît le moindre recoin de son domaine, qui couvre quarante et un mille hectares, et les habitudes de chacune des espèces qui l'habitent. Sur tout cela, il pose un regard clair, généreux.

Lorsque, assise à son bureau, seule, je raccroche le téléphone, je suis effondrée.

Ils en ont pris cent quatre, vient de m'annoncer Wilfred. « L'hélicoptère les rassemblait, le point d'eau était coupé, ils attendaient pour boire, et ils se laissaient prendre au piège. Les camions ont fait le plein, puis ils sont partis. »

Pourquoi les responsables de la capture m'ont-ils écartée ? Pourquoi ont-ils fait cela sans moi ?

« Les acheteurs étaient présents. »

C'est la seule explication de mon exclusion. Car ma proposition de sélectionner les plus faibles ou les boiteux ne pouvait guère satisfaire ceux qui payaient.

Je tente de raisonner ma colère et ma déception, mais j'imagine les familles brisées, les chevaux trahis. Hélas, il ne me reste qu'à partir constater ce qui ressemble fort à un délit.

Treegve me conseille : « Il faut que vous rencontriez les fonctionnaires de la Protection de la nature aux quatre coins du pays. La plupart connaissent les chevaux et votre travail. Les distances rendent la coordination difficile, mais leurs points de vue sont écoutés... »

Alfonso me secoue : « Nous devons continuer la route vers le nord, jusqu'à la frontière avec l'Angola. »

Derrière le pare-brise, mon esprit vide se laisse aller. Ni rêve. Ni pensée.

Les ombres du bush sont devenues un décor. Les milliers d'étoiles descendent peu à peu sur la terre. La piste s'enfonce dans des montagnes impénétrables baignant dans une lumière laiteuse. Au cœur de cet enchevêtrement de crêtes et de vallées, c'est le silence.

De rocher en rocher, les pneus s'agrippent, hésitent sur les bosses, se reposent dans les creux. Ici, une chenille tisse son cocon, un scorpion en colère frotte son dard sur les écailles de son cou, une fleur blanche comme un lis surmonte un buisson qui paraît sans vie.

Je suis aux commandes du véhicule sans y être. Le bras gauche passe du levier de vitesse au volant, mes pieds d'une pédale à l'autre, les yeux ouverts et vagues, mais sans la conscience d'être là.

Alfonso est aussi déçu que moi. Je lui ai communiqué mon désarroi, mais il garde un moral d'acier.

« Tu connais assez la force de survie de ces chevaux pour savoir qu'ils remonteront la pente. Tu dois continuer avec ceux qui restent. Tu surveilleras l'évolution des chevaux, on louera un avion pour tes prochains dénombrements. Tu ameuteras la télévision, la presse, le ministère... Quelques sous-chefs ont réussi à mettre ce projet à exécution, mais leurs supérieurs n'ont pas pour autant modifié leur politique de protection. »

La chevauchée namibienne poursuit son cours.

Le bush jauni est là, jour et nuit. Seuls les mopanes, ou arbres-papillons, y apportent leur touche de vert.

Une simple liane enserre la mâchoire inférieure de mon cheval bai brun. Okambe, tel est le nom de tous les chevaux en langue otjiherero. Dans ma main, les fibres vertes ont pris le rôle des rênes. Simplement assise en arrière du garrot, à même son poil, j'apprécie sa musculature ronde et puissante. Il a le pas rapide du voyageur, le pied sûr du montagnard et la docilité de celui qui est ami de l'homme.

Ici, dans le Kaokoland, je chevauche en compagnie d'extraordinaires cavaliers nomades, les Himbas. Jusqu'à aujourd'hui, les montagnes ont été pour eux un rempart naturel contre les influences occidentales. La vie et les croyances traditionnelles de ce peuple pacifique me captivent.

Ils sont tous vêtus d'extravagantes peaux de chèvre nouées sur les hanches, les femmes sont parées de bijoux cuivrés et de coquillages. Leurs visages aux traits fins, leurs torses et leurs membres nus brillent sous la graisse rougie par la poudre d'hématite. Leurs corps ont, dans l'espace, la force acérée du métal.

A mes côtés, bien calés au fond de leurs selles bricolées avec art, les voyageurs himbas m'accompagnent jusqu'à leur village. Mukomuhuki, mon voisin, bourre sa pipe avec du tabac pilé ; il porte un fusil dans le dos, une machette à la hanche, et, sur sa selle, une simple couverture roulée.

Après plusieurs jours de chevauchée, nous arrivons dans le lit d'une rivière asséchée, où un troupeau de vaches rousses, blanches ou tachetées apparaît derrière un voile de poussière. Elles semblent attendre et piétinent. Des gamins aux pieds nus les entourent. Nous avons atteint le campement. A quelques mètres de là, une haie d'épineux protège une cavité profonde. Un homme en sueur remonte des pelletées de sable mouillé du fond du trou, tandis qu'une femme remplit sans cesse d'eau un seau qu'elle va vider dans un tronc évidé. Trois par trois, les vaches se désaltèrent.

C'est ici que les chevaux retrouvent la liberté, jusqu'au prochain voyage. Pas de clôture. Pas de gardien. Les Himbas connaissent les habitudes routinières de leurs chevaux et de leurs troupeaux de vaches et de chèvres. Sur un rayon d'une trentaine de kilomètres, ils savent toujours où ils se trouvent. Les chevaux pâturent librement, reviennent seuls au kraal (campement nomade), restent en compagnie des hommes pour quelques heures, profitent de leurs gâteries, circulent entre les huttes de terre rouge, et repartent.

Les femmes sont assises à l'ombre des huttes, devant un petit feu, et préparent le repas : lait caillé et viande de chèvre bouillie. Vetamuna, le chef du clan, tient conseil sous le grand acacia, près du feu sacré, qui représente le lien avec les ancêtres. L'eau commence à manquer au fond du puits. Femmes et enfants doivent préparer l'abandon du kraal. A la prochaine lune, le clan migrera dans l'autre vallée, celle que nous avons visitée à cheval. Là-bas, il y a encore de l'eau et de l'herbe pour les troupeaux.

Le monde extérieur et le temps ne comptent plus. Si les secousses de l'histoire, et notamment la guerre d'indépendance dans laquelle ils ont été impliqués, n'ont pas modifié leur organisation tribale ni leur tradition du troc, leurs voisins et les premiers touristes ont vite compris le profit qu'ils pouvaient tirer de la situation, car rares sont les Himbas qui connaissent la valeur de l'argent.

L'arrivée brutale de visiteurs étrangers modifie déjà le comportement de certaines familles, plus au nord, près de la rivière Cunene. Là, quelques clans installent leurs campements en bordure de la piste et attendent le passage d'un véhicule pour mendier des médicaments, des cigarettes, de l'alcool...

Comme pour tous les peuples minoritaires, la sauvegarde de l'organisation tribale et de l'identité des Himbas suppose le développement d'une société en marge, qui saurait conserver ses caractères propres. Mais leur adaptation au monde moderne est un leurre. Malgré leur ouverture d'esprit sans limite, la confrontation est trop rapide, trop brutale.

29

Malgré la brise, le désert paraît figé. Il y règne une chaleur suffocante. Toujours pas un brin d'herbe. Pas une seule famille de chevaux en vue. Je me tiens à l'écart du point d'eau. Je suis triste.

Ils arrivent, par petits groupes de deux ou trois. Ils se désaltèrent, se reposent, puis repartent. Ils se méfient de moi, comme d'une étrangère. Pour rien au monde ils ne supporteraient que j'approche. Il me faudrait des jours pour regagner leur confiance. Mais là n'est pas mon souci.

La sécheresse continue de sévir. La capture désordonnée a bouleversé les familles. Tous ont maigri. Les mâles les plus forts et les plus résistants ne sont plus là, les juments et les poulains se sont réfugiés près des jeunes mâles sans expérience. Les boiteux et les faibles ne survivront pas à la sécheresse.

J'ai compté bien peu de chevaux. J'ai peur pour l'avenir du troupeau. La pluie est leur seule chance de survie.

J'en ai assez vu. Je m'en vais. Je ne souhaite qu'une chose pour eux, aujourd'hui : qu'on les laisse tranquilles.

Comme promis, Alfonso m'a trouvé un avion pour effectuer un dénombrement rapide et efficace. En quelques heures, nous survolons l'ensemble du territoire, et je compte moins de cent chevaux.

A Windhoek, je remets mon rapport au ministère, l'envoie à tous les fonctionnaires que j'ai rencontrés aux quatre coins du pays, et le communique à la presse namibienne. Mes chiffres et mes conclusions contredisent ceux du fonctionnaire chargé de ce territoire. Une polémique s'ensuit, à laquelle je ne prendrai pas part.

Au cours des mois suivants, je retournerai plusieurs fois en France et reviendrai souvent chez les chevaux du désert.

Nous avons parcouru plus de soixante mille kilomètres sur les pistes namibiennes. Alfonso a fini par constituer une véritable photothèque. La presse européenne publie nos reportages. J'éprouve du plaisir à écrire ces articles, pour continuer à faire connaître la vie des chevaux sauvages et pour raconter la Namibie, la dernière-née des nations du continent africain.

Parfois, je sens de nouveau monter en moi la colère et la déception. Mais tous ceux que l'histoire des chevaux sauvages fait rêver me reconduisent sur la voie de la raison. Des chercheurs, des biologistes namibiens m'écrivent. Mon énergie reste positive.

A chacun de nos séjours en Namibie, le ministère pour la Protection de la nature nous accueille à bras ouverts. Nos publications et mes rapports sont lus, appréciés et pris en compte. J'ai bon espoir que notre collaboration sera sans cesse plus fructueuse. Le gouvernement prend au sérieux l'avenir des chevaux.

30

25 décembre 1993. Un soir de fête. Adossée à la barrière des dunes lissées par le vent, je domine l'immense plaine de sable qui sombre dans la nuit. Mes yeux ne discernent que les courbes et les rondeurs, mais je sais que les chevaux sauvages sont là, en liberté, sur ce territoire désormais protégé qu'ils continueront à partager avec les animaux du désert.

A l'instant même où je franchissais la porte du Namib, je me délivrais de trois années de compromis avec moi-même. La pluie avait redonné vie au désert. Les panneaux et les installations toutes neuves confirmaient l'extraordinaire nouvelle : « Chevaux férals du Namib. Réserve naturelle protégée ».

Ce soir est un vrai soir de fête.

A mes pieds, les ombres des touffes d'herbe dansent à la lueur de mon petit feu de camp. Foie gras, vin blanc, toasts grillés...

C'est la métamorphose du désert. Les rivières asséchées depuis des années ont redessiné leurs cours sur le sable. Les plaines sont couvertes d'une herbe déjà jaunie. Les oiseaux, les lézards, les scorpions, tout ce petit monde s'est réveillé. Les chevaux qui se sont battus pour leur survie ont reçu la manne céleste. La saison des amours porte ses fruits : des poulains ont vu le jour. Les conséquences de la capture ne mettent plus en jeu l'existence même du troupeau.

Cette année, les projets touristiques se sont succédé. Aucun n'a échappé à mon attention et à mes rapports. Le plus douteux fut celui d'un tour-opérateur spécialiste du dépaysement en 4 × 4 ! Sans contrôle rigoureux et sans moyens financiers, une ouverture au tourisme serait dévastatrice. Les projets sont restés dans les tiroirs.

« Pas question de céder à un tourisme de masse qu'un environnement trop fragile ne supporterait pas », m'affirma avec conviction le ministre pour la Protection de la nature, lors de notre dernière entrevue à Windhoek. Jusqu'à présent, tous les parcs et réserves naturelles sont là pour témoigner de cette politique exemplaire, respectueuse du patrimoine naturel namibien.

Le principal quotidien de Windhoek a publié un compte rendu de cette entrevue. Le titre annonçait : « La capture des chevaux a soulevé la colère des Européens. » Puis la journaliste révélait la poursuite de ma collaboration avec le gouvernement, ainsi que les décisions et les aménagements prévus par le ministère pour ce territoire. « Le désert du Namib restera une réserve protégée, mais les chevaux sauvages seront dorénavant accessibles à tous. »

Aujourd'hui, j'ai constaté avec bonheur le résultat de ces déclarations. Les conclusions de ma prochaine étude sont attendues par les officiers de la Protection de la nature, et le projet touristique a pris forme, sans compromis, dans la plus grande simplicité. La piste balisée qui s'enfonce sur quelques kilomètres à travers le désert est le seul accès autorisé au territoire des chevaux. Elle se termine sur un sommet caillouteux qui domine le point d'eau. Là, un petit abri de bois permet aux visiteurs de s'asseoir à l'ombre, de contempler discrètement les chevaux venus s'abreuver, et même de les photographier.

Demain, je quitterai la Namibie. Les chevaux me conduisent sur tous les continents. Et, bientôt, je serai, loin d'ici, auprès de ceux d'Amérique du Sud. Mais je reviendrai – je reviendrai souvent. Mon engagement envers les chevaux du désert me tient pour toujours. Ce pays a encore tant de choses à m'apprendre.

C'est une belle nuit de Noël. Seule, sous les étoiles. Libre, avec les chevaux du désert.

31

Johannesburg. 19 novembre 1998.

Par Bryan Pearson. AFP

Jean-Jacques Annaud tourne un film sur les chevaux de Namibie.

Le tournage a commencé dans les environs de Walwis Bay, sur la côte aride de l'océan Atlantique.

Les vrais chevaux qui cavalent dans le désert le plus reculé de Namibie ne figureront pas dans le film, tourné dans des paysages de dunes battues par les vents et d'immensités rocheuses.

Une soixantaine de chevaux ont été importés d'Afrique du Sud et du Zimbabwe pour les besoins du film. Le casting comprend aussi des antilopes, des guépards, des lions...

Une équipe de dix dresseurs, dirigés par Sled Reynolds (« Danse avec les loups ») a relevé le défi de ce que, sur place, on considère comme « un des films équestres les plus difficiles de l'histoire du cinéma », Jean-Jacques Annaud prévoyant une séquence sans dialogue d'une quarantaine de minutes...

Ce film est dirigé par le metteur en scène d'origine russe, Sergueï Bodrov...

Cette information qui s'inscrit sur mon télécopieur, dans ma mansarde parisienne, emplit subitement mon cœur de bonheur. C'est la promesse que les chevaux du Namib danseront bientôt sur les écrans des salles de cinéma. Le sacre de leur destin. Mais d'un même élan, un sentiment d'inquiétude m'étreint. Le scénario est-il fidèle à la parole de vie que les chevaux du Namib m'ont confiée ?

Je me souviens de ce jour de juin 1993 où Jean-Jacques Annaud m'a fait savoir, par l'intermédiaire de sa société de production, son coup de cœur pour ces rescapés de l'histoire. À sa demande, je lui ai donc confié les résultats de mes observations et de mes recherches, destinés à servir de source d'informations pour un scénariste qui allait travailler à une fiction. Jamais plus je n'entendrai parler de ce projet. Je croyais qu'il était resté au fond d'un tiroir. Mais le voici qui ressurgit, sans prévenir. Et avec lui mes doutes.

En révélant l'existence de ces chevaux « oubliés », j'ai voulu attirer l'attention publique sur les dangers d'une intervention humaine, trop rapide, ou injustifiée, qui pourrait les menacer. Le gouvernement namibien, aujourd'hui conscient qu'ils font partie du patrimoine national, les protège. Ces chevaux sont arrivés dans le Namib parce que des hommes, chercheurs de diamants, colons et militaires allemands, les y ont amenés, avant de les abandonner. Aurais-je dû taire leur histoire ? Si je ne l'avais pas mise au grand jour, quelqu'un d'autre l'aurait fait à ma place. Peut-être avec moins de scrupules. Mes démarches ont donc abouti à une mission : œuvrer à leur sauvegarde et à la protection de leur coin de désert inviolé.

Depuis six ans dans la presse, en Europe, en Afrique, aux Etats-Unis, en Australie, des articles relatent leur incroyable épopée, si bien illustrée par les photographies d'Alfonso Mejia qui suit régulièrement mon travail. En 1994, Igor Barrère et Jean Pierre Fleury m'ont rejointe en Namibie pour réaliser un film, plusieurs fois diffusé par la chaîne française de télévision TF1, dans le cadre de l'émission « Histoires naturelles ». Un autre documentaire est actuellement en route, qui mettra l'accent sur la valeur scientifique de cette horde sauvage coupée du reste du monde.

La Namibie, indépendante depuis 1990, est sur la voie du progrès. En matière de protection de la nature, ses techniciens font preuve de compétence, d'expérience. Mais les tour-opérateurs et les investisseurs n'hésitent pas à débarquer pour tenter de s'approprier les chevaux et leur désert, désireux de rentabiliser ce qui devrait rester à l'écart de la spéculation. Le Namib est vivant, son équilibre fragile, précaire. Si la faune et la flore y semblent incroyablement résistantes, c'est parce que l'évolution les a dotées d'adaptations subtiles. Pour s'en convaincre, il suffit de soulever un éclat de quartz posé à même le sable brûlant : une algue verdâtre s'y cache, qui bénéficie de la condensation et de la lumière transmise à travers le cristal ; une fois exposée aux rayons ardents du soleil, elle se transforme en poussière. On peut dès lors imaginer les dégâts causés par le passage d'un véhicule !

La vie du Namib est pleine d'alchimies mystérieuses. Pour garantir sa pérennité, les moyens financiers nécessaires à l'ouverture de ce territoire au tourisme sont considérables. Heureusement, aucun des projets proposés jusqu'à ce jour n'a pu aboutir, les autorités namibiennes s'y étant opposées.

Les chevaux n'ont pas souhaité, eux, s'approprier le morceau de désert que le hasard de l'histoire leur a offert. Ils n'éprouvent pas non plus le désir d'en conquérir d'autres. Leur seul souci est de défendre leur survie. Je me suis donc ralliée à leur cause, leur consacrant une grande partie de mon énergie, de mon temps et de mes moyens financiers, aussi modestes soient-ils. Je voudrais simplement démontrer ce que leur vie a d'exemplaire, ce qu'ils peuvent nous apporter, et ce que nous devons éviter de leur prendre : leur liberté et leur territoire.

Durant ces cinq années écoulées, mon insatiable curiosité, celle qui nourrit ma passion, m'a conduite sur tous les continents, à la rencontre des cultures équestres et des chevaux, ces « princes » dont l'être humain a fait ses beaux « sujets ». Entre deux voyages, je retournais dans le Namib, vivre auprès de mes amis indomptés, mais fidèles.

Je m'installais près de l'abreuvoir de Garub, les suivais là où ils allaient, marchais à leur rythme. Je les observais, les touchais, les contemplais... Jamais, je n'ai éprouvé le moindre désir de les apprivoiser. Leur âme curieuse les poussait pourtant à s'approcher de moi, jusqu'à mettre le bout du nez sous ma tente. Il eût été facile, avec quelques récompenses gourmandes, judicieusement choisies et distribuées, de créer des rapports de domination, de séduction, qui ne sont guère différents de ceux que l'être humain entretient avec ses semblables. Mais les chevaux du Namib ont gagné leur liberté, leur indépendance, leur autonomie : ils ne méritent pas d'être une nouvelle fois asservis.

Leur nombre, que j'avais estimé à cent dix-sept en février 1993, était passé à cent trente-cinq l'année suivante. Depuis lors, je constatais un accroissement régulier de leur population. Signe que, malgré la capture de cent quatre chevaux, qui avait brisé en juin 1992 les groupes familiaux, la survie de la horde n'était plus menacée... Tant que la sécheresse ne sévirait pas. Or au printemps de 1998, j'apprenais que les pluies venues de l'est avaient oublié le Namib. Une fois encore, les chevaux affrontèrent la situation avec une dignité de seigneur : mâles et juments rescapés trouvaient la force de se reproduire ; une douzaine de poulains allaient voir le jour.

Il n'y aura plus de capture, ni de vente aux enchères. Du moins tant que cette population équine n'excédera pas le chiffre de cent cinquante : de l'avis des techniciens namibiens, le territoire de Garub, par son écosystème, n'a pas la capacité d'en accueillir davantage. Pourtant, le programme d'alimentation proposé par une association allemande, afin de palier au manque d'herbe, fut accepté, en 1998 comme en 1993.

Cette année-là en Allemagne, des fonds avaient été récoltés auprès de personnes charitables, qui s'étaient laissé apitoyer par la maigreur des chevaux du Namib, attestée par des photos publiées dans la presse. Un chèque de 20 000 DM était parvenu en Namibie à destination du ministère de l'environnement. Une partie de cette somme servira à l'achat de bottes de foin, que le *ranger* en charge de la surveillance du territoire de Garub distribuera aux chevaux durant deux mois. Ayant appris la nouvelle, je m'empressais d'arriver sur les lieux... Et je vis deux chevaux mourir de coliques sous mes yeux. De toute évidence, d'autres réagissaient mal à ce nouveau régime. Mais là n'était pas le problème, car ils finiraient certainement par s'y adapter. Par contre, à moyen terme, ils se retrouveraient en surpopulation. Jusqu'à présent, la sécheresse avait opéré la sélection naturelle la plus judicieuse. Pourquoi intervenir ?

Malgré mes observations, malgré le nouveau rapport que j'avais remis au ministère, l'opération sera renouvelée en 1998. Je me demandais alors si l'objectif n'était pas d'en faire des chevaux d'élevage ! C'est certain, un tel projet pourrait être rentable. La réalité a pourtant jusqu'ici prouvé le contraire. Toutes les tentatives d'en faire des chevaux de selle ont échoué. Seuls quelques fermiers namibiens, qui organisent des safaris photos sur leur immense domaine autrefois dédié à l'élevage, ont souhaité en acquérir quelques-uns, lors de la vente aux enchères de 1992, disposant ainsi d'une attraction touristique supplémentaire.

Le cas des chevaux du Namib est unique. Aucun autre cheval au monde ne vit dans des conditions aussi extrêmes. Le patrimoine génétique qu'ils représentent est précieux de par son aspect fondamental qui est la préservation de la biodiversité – cette notion est reconnue comme une priorité à l'heure où de nombreuses espèces animales disparaissent. Leur valeur scientifique n'est plus à démontrer. Mais jusqu'à ce jour, les chercheurs européens disent manquer de moyens, ou d'intérêt, pour tenter d'expliquer leur remarquable adaptation au désert.

Les premières analyses des matières fécales, que j'ai fait effectuer à l'école vétérinaire de Windhœk, ont prouvé que ces équidés ont su se protéger des maladies parasitaires, ce qui les rend particulièrement précieux pour la recherche sur l'immunité. Une équipe scientifique sud-africaine en fut rapidement convaincue. Depuis 1993, elle se penche sur leur cas. Lors de la capture, une dizaine de chevaux leur avaient d'ailleurs été destinés. Les premiers travaux révélèrent un allongement notoire des uretères, les canaux qui relient les reins à la vessie, ce qui a pour effet d'amplifier de façon extraordinaire le rôle de ce système de récupération interne de l'eau. Forme d'adaptation qui accroît leur chance de survie, car elle porte sur l'économie et l'utilisation optimale du peu d'eau disponible dans ce désert.

Puis ce fut le professeur américain E. Gus Cothran, de l'Université du Kentucky, aux Etats-Unis, qui, lors d'une étude génétique sur soixante races de chevaux dans le monde, décela chez ceux du Namib la présence de sang arabe, précisément de sang « Shagya », souche polonaise. Ce qui confirmait mes observations sur le terrain. M'étant référée aux archives datées de 1904 à 1912, qui détaillaient les reproducteurs importés d'Allemagne, d'Angleterre et d'Afrique du Sud, j'avais observé chez leurs descendants du Namib une diminution de la taille ainsi que la disparition des robes grises. Les caractéristiques des races, je les avais détectées sur les silhouettes, dans leurs mouvements mêmes. Ainsi certains chevaux ont-ils conservé quelques spécificités du hackney, particulièrement dans leur façon de trotter. D'autres ont gardé les membres forts du trakhener, le demi-sang allemand. Mais tous portent en eux la grâce, la noblesse du seigneur du Sahara, le « buveur de vent » : le pur-sang arabe, l'ancêtre commun à la plupart des races équines.

Ces chevaux du désert ont encore beaucoup de mystères à dévoiler. Par quelles modifications éthologiques, anatomiques et physiologiques, ces animaux autrefois assistés par l'homme ont su s'adapter, seuls, à un environnement aussi rigoureux ? On ne peut répondre à ces questions qu'à travers une démarche prudente et mesurée. Ma contribution à la sauvegarde de ces chevaux et de leur territoire n'est pas prête de s'arrêter. À ces fins, j'ai créé en 1991 une association à but non lucratif, nommée Garub, qui a mis en place les bases d'un projet de protection. Mais jusqu'à ce jour, ma recherche de financement est restée vaine, et le projet en sommeil.

Depuis toujours, j'ai renoncé à être propriétaire du monde pour en devenir l'observatrice, l'admiratrice, la chroniqueuse. Les chevaux du Namib appartiennent au patrimoine naturel de la Namibie. Ils me donnent leurs leçons de vie. Je leur consacre mes droits d'auteur. Libre de toute attache, je continue à profiter pleinement de mon indépendance. Durant toutes ces années, l'ordre des choses m'a souvent conduite ailleurs. Loin du Namib. Loin de ses chevaux. Je poursuivais ma quête sur les cultures et les arts équestres à travers le monde.

Les passions que suscite le cheval m'apparaissent comme le modèle même de ce lien d'amour à travers lequel l'histoire prend parole. Par son énergie et sa beauté éblouissantes, il a imprégné l'âme des civilisations du monde entier. Aucun autre animal n'a hanté l'imaginaire humain avec une telle constance. D'abord pourchassé pour sa chair, puis domestiqué il y a quelque cinq mille ans, il est ensuite devenu compagnon de labeur, complice de guerre, de loisir, de jeu, de sport, ou objet d'œuvre d'art. Tenant le monde au bout de ses sabots, il a porté avec lui tous les rêves les plus extraordinaires, jouant un rôle clé dans d'innombrables mythes, contes et légendes de toutes les nations. Il en va aujourd'hui des types de chevaux comme de leurs usages. Sur les cinq continents, les équitations naturelles, instinctives, spontanées, populaires, côtoient le monde des doctrines de manèges, d'écoles, d'académies, d'écuyers et de maîtres. Il me faut aller à leur rencontre, les côtoyer, me glisser, presque invisible, dans leur vie en perpétuelle métamorphose. Ma quête ne s'arrêtera jamais tant qu'il y aura des chevaux...

29 janvier 2001. L'heure de vérité.

D'abord, un grondement sourd, lointain, qui s'insinue dans la salle parisienne où j'assiste, émue, à la projection de « Crinière au vent », le film produit par Jean-Jacques Annaud.

Les ancêtres des chevaux du Namib sont là, au fond des cales d'un navire allemand, martelant de leurs sabots le plancher instable. Bientôt, ils fouleront le sable du plus vieux désert du globe, où ils trouveront refuge. Les images sont belles. Les chevaux choisis pour doubler mes amis indomptés accomplissent à merveille leur rôle. De l'histoire que leur impose le scénario émane bel et bien le symbole de leur liberté. En ayant su la prendre, ces chevaux sont uniques. Et cette fiction l'est aussi. Le message destiné aux spectateurs leur est fidèle. Puisse ce film éveiller de nouveau l'attention publique sur les dangers qui menacent ces chevaux innocents !

Le mois prochain, je regagnerai le cœur du Namib, pour séjourner parmi ses hôtes. J'en suis certaine, le succès ne leur est pas monté à la tête. Ils ne savent pas qu'ils sont devenus des vedettes de cinéma. D'ailleurs, ils ne s'en préoccupent pas. Leur coin de désert suffit à les combler. Leur seule angoisse serait de voir débarquer chez eux des bipèdes lâchés sans frein ni garde-fou, sans logique ni méthode : leurs nouveaux prédateurs.

Les Éditions Favre ont publié 600 titres, dont les plus récents disponibles sont :

Dossiers et témoignages

Le bonheur pour une orange n'est pas d'être un abricot, Catherine Preljocaj, 242 p.	129 FF	SFr. 38.
Une femme en cavale, Josette Bauer, 242 p.	129 FF	SFr 38.
Petite encyclopédie du baiser, Jean-Luc Tournier, 192 p.	79 FF	SFr. 19,90
(Tout) l'art contemporain est-il nul? Patrick Barrer, 368 p.	129 FF	SFr. 38.
L'Amérique totalitaire, M. Bugnon-Mordant, préfacé par Pierre Salinger, 304 p.	139 FF	SFr. 42 50
Irak, l'apocalypse, Père Jean-Marie Benjamin, 192 p.	119 FF	SFr. 32 5
Peut-on vivre avec l'Islam, Jacques Neirynck et Tariq Ramadan240 p.	126 FF	SFr. 36.-
Pour en finir avec la Corse : enquête sur une dérive politique, économique et mafieuse, J. -M. Fombonne, 184 p.	97 FF	SFr. 25.-
La mondialisation sauvage, Blaise Lempen, 176 p.	119 FF	SFr. 32 50
Falun Gong la voie de l'accomplissement, Li Honghzi, 160 p.	115 FF	SFr. 28 70
Comment des enfants deviennent des assassins, Dr. Michel Bourgat, 256 p.	128 FF	SFr. 36.-
Enquête sur les disparitions, Jacques Mazeau, 208 p.	119 FF	SFr. 32 50
L'envahisseur américain, Hollywood contre Billancourt, Philippe d'Hugues, 176 p.	119 FF	SFr. 32 50
Peut-on rire de tout?, Me Gilbert Collard et Denis Trossero, 176 p.	115 FF	SFr. 28 70
Parfums et senteurs du grand siècle, André Chauvière, 160 p.	119 FF	SFr. 32 50
Amour, chance et réussite : mode d'emploi!, Anca Visdei, 220 p.	119 FF	SFr 32 50
Harem, D. Zintgraff et E. Cevro Vukovic, 208 p.	115 FF	SFr. 28 70
Piercing : rites ethniques, pratique moderne, V. Zbinden, livre illustré, 176 p.	115 FF	SFr. 28 70
La Saga du Timor-Oriental, J. Ramos-Horta, Prix Nobel de la Paix 1996, présenté par Mgr Gaillot, 256 p.	115 FF	SFr. 28.–
L'Énigme Vassula : en communication directe avec Dieu? entretiens avec J. Neirynck, 160 p.	115 FF	SFr. 28 70

Combats pour l'Afrique et la démocratie, Jonas Savimbi, leader de l'UNITA, 272 p.	120 FF	SFr. 30.-
Pratique du théâtre pour enfants, Claude Vallon, 192 p.	115 FF	SFr. 28 70
Crois et meurs dans l'Ordre du Temple Solaire, H. Delorme, 192 p.	79 FF	SFr. 19 80
Senior Guide : votre retraite de A à Z, E. Haymann, 144 p.	97 FF	

Tous les chemins de la médecine

Tout savoir pour choisir le sport de votre enfant, Dr Michel Bourgat	119 FF	SFr. 32,5
Guide d'utilisation des vitamines, acides gras et plantes, Dr Philippe Lagarde, 144 p.	89 FF	SFr. 24.
Tout savoir sur les aphrodisiaques naturels, Prof. K. Hostettmann, 176 p.	129 FF	SFr. 38.-
Tout savoir sur la voix, Dr M.-L. Dutoit-Marco, 208 p.	97 FF	SFr. 25.-
Tout savoir sur le cancer, Dr Ph. Lagarde, 272 p.	145 FF	SFr. 45.-
Tout savoir sur le pouvoir des plantes, sources de médicaments, Prof. K. Hostettmann, 240 p.	145 FF	SFr. 36.-
Tout savoir sur le dopage, Dr. Michel Bourgat	115 FF	SFr. 28 70
Tout savoir pour comprendre l'érotisme de l'homme et de la femme, Dr. Georges Abraham, 192 p.	119 FF	SFr. 32 5
Tout savoir sur l'art-thérapie, Prof. Richard Forestier, 160 p.	119 FF	SFr. 32 50
Tout savoir sur la gastronomique qui améliore votre santé, Dr Agnès Amsellem, 192 p.	115 FF	SFr. 28 70
Tout savoir sur les vertus du vin, Corinne Pezard, 176 p.	115 FF	SFr. 28 70
Tout savoir sur l'anorexie et la boulimie, Dr Alain Perroud, 192 p.	119 FF	SFr.32 50
Tout savoir sur les traitements antivieillissement, Prof. J. Proust	128 FF	SFr. 36.-
Tout savoir sur votre écriture, René Vaucher, 224 p.	115 FF	SFr. 32 50
Tout savoir sur les progrès du laser en esthétique, chirurgie, dermatologie : rides, paupières, bouche, etc. Dr B. Hayot, 144 p.	97 FF	SFr. 25.-
Tout savoir sur le génie génétique, Ph. Gay et J. Neirynck, 192 p.	115 FF	SFr. 28 70
Tout savoir sur le pied, Roselyne Landsberg, livre illustré, 224 p.	119 FF	SFr. 32 50
Tout savoir sur le maquillage permanent, E. Habnit, illustré	128 FF	SFr. 36.-
L'Herbier des montagnes, François Couplan, 192 p.	129 FF	SFr. 38.-

Littérature

Ganesh, Jean-Louis Gouraud, roman initiatique, 224 p.	95 FF	28 70
Ourasi, le roi fainéant, Homeric, 192 p.	129 FF	SFr. 36.-
Mortel anesthésique, Patrick Ledrappier, 464 p.	129 FF	SFr. 36.-
Les médecins vus par..., Dr Christian Roques, 256 p.	129 FF	SFr. 38.-
Les Blancs vus par les Africains, textes présentés par J. Chevrier, 224 p.	96 FF	SFr. 25.-
Serko, vrai faux roman, J.-L. Gouraud, 224 p.	95 FF	SFr. 24.-
Escapade en enfer et autres nouvelles, M. Kadhafi, 176 p.	95 FF	SFr. 24.-
Les Derniers les premiers : Baba Amte, un mythe incarné de l'Inde, Jean Buhler, 208 p.	115 FF	SFr. 28 70

Albums

Émotions gourmandes, Frédy Girardet, 208 pages illustrées en couleurs	290 FF	SFr. 95.
Svertchkov, le peintre russe du cheval, textes de Natalia Chapochnikova et David Gouriévitch, 176 pages illustrées en couleurs	268 FF	SFr. 69.
Atlas de l'imaginaire, Ch. Khaznadar et F. Grund, Maison des Cultures du Monde, 208 p.	245 FF	SFr. 64.-
Le Mythe de la Joconde, préfacé par Jack Lang, 128 p.	120 FF	SFr. 30.-
Le Livre et le journal chez les peintres, V. Anker, préfacé par Jack Lang et Michel Tournier, 252 p.	195 FF	SFr. 49.-
L'Orient d'un photographe, Lehnert et Landrock, 102 p.	280 FF	SFr 75.

Caracole

L'équitation expliquée aux parents, 128 p.	96 FF	SFr. 25.
Jeanne d'Arc écuyère, Louis Champion, 192 p.	95 FF	SFr. 24.-
L'Art de dompter les chevaux, J.-S. Rarey, 144 p.	85 FF	SFr. 22.-
Deux chevaux pour un cavalier, L. V. Evdokimov, 160 p.	85 FF	SFr. 22.-
L'Équitation pratique, J. Pellier fils, 144 p.	85 FF	SFr. 22.-
Michel Kohlhaas ou l'honneur du cheval, H. von Kleist, 156 p.	85 FF	SFr. 22.-
Le Cheval, comte de Buffon, extrait d'Histoire Naturelle, 144 p.	85 FF	SFr. 22.-
L'Achat du cheval, E. Gayot, 192 p.	95 FF	SFr. 24.-

Kikkuli, le plus ancien traité d'équitation du monde, trad. E. Masson, 128 p.	95 FF	SFr. 24.-
La Hussarde, Nadejda Dourova, 192 p.	95 FF	SFr. 24.-

Bestiaire divin, avec le Muséum National d'Histoire Naturelle

Le Cheval, Jean-Louis Gouraud, 192 p.	96 FF	SFr. 25.-
L'Hippopotame, Association l'Hippopotame, 192 p.	96 FF	SFr. 25.-
La Fourmi, textes présentés par J. Lhoste et J. Casevitz, 192 p.	96 FF	SFr. 25.-
Le Rat, textes présentés par M. Dansel, 192 p.	96 FF	SFr. 25.-
Le Chien, textes présentés par M. Contart, 192 p.	96 FF	SFr. 25.-
Le Requin, textes présentés par P. Deynat, 192 p.	96 FF	SFr. 25.-
La Vache, textes présentés par P. Commère, 192 p.	96 FF	SFr. 25.-
L'Escargot, textes présentés par L. Dubost, 192 p.	96 FF	SFr. 25.-

Guide littéraire, coll. le Vagabond enchanté

Le Sahara, Monique Vérité, 192 p.	96 FF	SFr. 25.-
Venise, textes présentés par J.-L. Marret, 192 p.	96 FF	SFr. 25.-
L'Himalaya, textes présentés par A. Velter, 192 p	96 FF	SFr. 25.-
Istanbul, textes présentés par G.-G. Lemaire, 192 p.	96 FF	SFr. 25.-
La Corse, textes présentés par J.-E. Pieraggi, 192 p.	96 FF	SFr. 25.-
Le Tibet, textes présentés par M.-J. Lamothe, 192 p.	96 FF	SFr. 25.-
Le Kurdistan, textes présentés par C. Kutschera, 192 p.	96 FF	SFr. 25.-
La Loire, textes présentés par J.-L. Delpal, 192 p.	96 FF	SFr. 25.-

Les Planches : biographies

Leonardo DiCaprio, Ph. Durant, livre illustré, 176 p.	99 FF	SFr. 19 80
Will Smith, Philippe Durant, livre illustré, 96 p.	99 FF	SFr. 25
Jennifer Aniston et Courteney Cox, les héroïnes de Friends, tout illustré, *Philippe Durant*, 96 p.	99 FF	SFr. 25
Francis Cabrel : du poète engagé au chanteur troubadour, P. Spizzo-Clary, 224 p.	115 FF	SFr. 28 70
John Travolta, la star ressuscitée, Ph. Durant, livre illustré, 208 p.	115 FF	SFr. 28 70

Gérard Depardieu, 25 ans de cinéma, M. Mahéo, livre illustré	119 FF	SFr. 32 50
Alain Delon, splendeurs et mystères d'une superstar, E. Haymann, livre illustré, 284 p.	119 FF	SFr. 32 50
Matt Damon, Philippe Durant, 172 p.	115 FF	SFr. 28 70
Georges Clooney, Gil Archer, livre illustré, 208 p.	115 FF	SFr. 28 70

Suisse

Au cœur de la Fête, Pierre-Alain Luginbuhl, 128 p.		SFr. 29.-
Jean-Pascal Delamuraz, Daniel Margot, 172 p.		SFr. 38.-
Suisses et juifs : Portraits et témoignages, Françoise Buffat et Sylvie Cohen	115 FF	SFr. 28 70
Alémaniques et Romands, entre unité et discorde, Pierre du Bois 192 p.	115 FF	SFr. 28 70
Entretiens avec Edmond Kaiser, fondateur de Terre des Hommes, Ch. Gallaz	115 FF	SFr. 28 70
Le CICR en question, entretiens entre Cornelio Sommaruga et Massimo Lorenz	115 FF	SFr. 28 70
Comment créer son entreprise, Ch. Rausis, préfacé par S. Garelli, 306 p.		SFr. 28 70
Josef Zisyadis : c'est en marchant qu'on fait le chemin, entretiens avec B. Clément, 160 p.		SFr. 25.-
Les Chansons de Gilles, préfacé par J.-P. Delamuraz, 276 p.	140 FF	SFr. 59.-
Du Tableau noir aux petits écrans : l'information et l'éducation à l'ère du multimédia, René Duboux	115 FF	SFr. 28 70
Masques pour un théâtre imaginaire, W. Straub, 108 p.	195 FF	SFr. 49.-
Pierre Lacotte, Tradition, J.-P. Pastori, 130 p.	200 FF	SFr. 52.-
L'aumônier du barrage, chanoine Joseph Putallaz, 176 p.		SFr. 28 70
Commune de Bex, J.-B. Desfayes, 132 p.		SFr. 45.-
Un Petit Bateau dans la tête : Roger Montandon, L. Antonoff, 160 p.	115 FF	SFr. 28 70
Charles-Henri Favrod : la Mémoire du regard, entretiens avec Patrick Ferla, livre illustré, 272 p.	140 FF	SFr. 35.-

---

Favre

Secrétariat et administration : rue de Bourg 29, CH-1002 Lausanne
Bureau parisien : 12 rue Duguay-Trouin, F-75006 Paris

Cet ouvrage a été réalisé par

FIRMIN DIDOT

GROUPE CPI

Mesnil-sur-l'Estrée

pour le compte des Éditions Favre
en mars 2001

Imprimé en France
Dépôt légal : mars 2001
N° d'impression : 54971